Et si le
Seigneur
faisait route
avec moi ?

Catalogage avant publication de Bibliothèque et Archives Canada

Carrier, Antoine

    Et si le Seigneur faisait route avec moi

    (Collection Spiritualité)

    ISBN 2-7640-0802-3

    1. Vie spirituelle. 2. Formation spirituelle. I. Titre. II. Collection.

BL624.C375 2005   204'.4   C2005-940353-5

LES ÉDITIONS QUEBECOR
Une division de Éditions Quebecor Média inc.
7, chemin Bates
Outremont (Québec)
H2V 4V7
Tél.: (514) 270-1746
www.quebecoreditions.com

©2005, Les Éditions Quebecor
Bibliothèque et Archives Canada

Éditeur: Jacques Simard
Conception de la couverture: Bernard Langlois
Correction d'épreuves: Jocelyne Cormier
Conception graphique: Jocelyn Malette
Infographie: Claude Bergeron

Nous reconnaissons l'aide financière du gouvernement du Canada par l'entremise du Programme d'Aide au Développement de l'Industrie de l'Édition pour nos activités d'édition.

Gouvernement du Québec – Programme de crédit d'impôt pour l'édition de livres – Gestion SODEC.

Imprimé au Canada

ANTOINE CARRIER

Et si le Seigneur faisait route avec moi ?

LES ÉDITIONS
Quebecor
QUEBECOR MEDIA

J'aimerais en profiter pour rendre un hommage filial à ma bienheureuse mère, Marie-Anna. Son prénom prédestiné indiquait déjà le rôle qu'elle devait remplir dans ma vie. Tout comme Marie, la mère de Jésus, elle portait tous ses événements dans son cœur et les méditait.

Je suis arrivé à l'automne de ma vie et, pour la suite des choses, ma vision se porte sur mes petits-fils, Nicholas, Gustave, Léo-Paul et Sarah, ma petite fleur de printemps, à qui je dédie mon témoignage. Je veux leur léguer en héritage la foi qui m'anime, me fait vivre et me fait parler, comme le firent mes humbles parents jadis.

Mon dernier souhait, je l'offre à cette personne incomprise, esseulée, solitaire, démunie peut-être, mais riche de cœur, poursuivant sa quête de l'esprit de vérité, qui la conduira à des sommets qu'elle ne peut imaginer pour l'instant.

Seigneur, je vis par Toi,
Pour Toi et en Toi.
Tu es ma raison d'être.
Étant au-dessus de moi,
Sois au centre de ma vie
Et au centre de mes préoccupations,
Pour que je trouve en Toi
Mon épanouissement.

Seigneur,
Ta main
me conduit
PS 138

Si tu ne me sors pas de là, qui donc le fera?

C'est le cri et le défi que j'ai lancés à mon Dieu le soir du 20 avril 1989.

La suite, le psaume 17, fragmenté, décrit fidèlement ce qu'Il fit pour moi:

«D'en haut, Il m'envoie prendre et me retire des grandes eaux. Il me délivre de ces adversaires plus forts que moi.

Mais le Seigneur s'est fait mon appui, Il m'a dégagé, donné du large; Il m'a délivré, Il m'a libéré, car Il m'aime.»

Et c'est pourquoi: «Je te louerai, je témoignerai, Seigneur, parmi les miens. J'annoncerai Ton nom à mes frères et sœurs. Alléluia!»

Avant-propos

Ne vous étonnez pas si je fais constamment référence aux Écritures pour soutenir ou étayer tout ce qui nourrit mon cœur, mon âme, mon esprit ; tout mon être, quoi ! C'est sur pierre d'assise édifiée au fil du temps que le Christ lui-même a déposée lorsque j'ai été conçu dans le sein de ma mère, que ma foi s'est enracinée et développée tout au long de mon existence, qui a vraiment pris son envol – éveil – en ce matin du 21 avril 1989, jour de ma délivrance, de ma liberté, de ma résurrection, du début de ce qui est une vie nouvelle de tous les instants.

Je sais que je vais en surprendre plus d'un par mes propos. Je ne veux surtout pas choquer, indisposer ou scandaliser qui que ce soit en faisant référence à mes frères et sœurs qui se plaisent à faire sa volonté. Je veux simplement, humblement, vous décrire, vous raconter ce que je vis depuis toutes ces années et plus particulièrement ces deux dernières, qui marquent ce que j'appelle le début de ma vie publique.

En écrivant ce texte, je n'ai pas cherché à plaire à qui que ce soit. À ma connaissance, je suis un homme entier. Je ne porte jamais de déguisement ou de masque. J'exprime le fond de ma pensée, et c'est ce qu'on me reproche le plus souvent puisque je me pose en déstabilisateur, avec toute la rigueur que le Verbe implique. Quelle que soit la personne devant moi, je livre mes propos et mes constats avec tout ce que me dicte mon cœur et non ma raison.

Jésus n'a-t-il pas dit un jour «La Vérité vous rendra libre»? Et je crois sincèrement qu'Il m'a fait cadeau de ce privilège, de ce don, en plus de tout ce qu'Il m'a donné, d'ailleurs, puisque je ne m'attribue rien de ce que je possède.

Tout me vient de Lui, et j'aime le déclarer et le proclamer haut et fort, mais toujours avec le souci de respecter toutes les différences qui gravitent autour de moi. Je ne veux surtout pas endoctriner qui que ce soit et j'ai le respect de chaque personne dans son intégrité. Cependant, quand une phrase, un mot, une parabole dans la conversation peut enflammer le cœur et l'esprit de quelqu'un, j'en suis ravi et je remercie mon Père qu'il en soit ainsi.

En fait, c'est bien simple, ce que j'ai à vous raconter, c'est ce que je vis dans mon quotidien. Pourquoi me priverais-je de me mettre à nu sous prétexte qu'il y a des jardins intérieurs secrets qu'il vaut mieux ne pas dévoiler? Pourquoi me priverais-je de vous dévoiler mes moments d'extase, qui sont d'une telle suavité qu'ils en sont indescriptibles?

Ma relation, ma fusion, ma communion avec mon Père est si forte, si intense qu'elle dépasse tout entendement et même tout raisonnement.

Alors, que les penseurs, les philosophes et les théologiens aillent se rhabiller et retournent à leurs savantes démarches et connaissances, puisqu'ils ne pourront saisir un fragment de ce que je révèle ici. Du même souffle, je me tourne vers les petits, les humbles de cœur que le grand monde des places publiques répudie, ne les croyant pas assez évolués pour les comprendre, selon leurs dires. On en arrive ici au grand paradoxe où les humbles de cœur, les assoiffés de justice seront les premiers conviés au grand banquet du festin royal, où toute connaissance orgueilleuse fera place à l'amour d'un cœur rempli d'allégresse, de paix, de joie, que nul ne pourra ravir puisqu'il sera imprégné du sang de l'Agneau immolé. Cela fait aussi partie de l'amour inconditionnel du Père pour chacun des enfants qu'Il a créés, conçus à son image et à sa ressemblance, mais que l'homme a défigurés au cours des siècles, par son désir de lui être supérieur.

* * *

La photographie de la couverture a été prise à travers le hublot d'un avion en vol par une infirmière dans les années 80. À chacun d'en faire l'analyse et d'en tirer ses conclusions.

«Vous aurez beau entendre, vous ne comprendrez pas; vous aurez beau regarder, vous ne verrez pas. Mais vous, heureux vos yeux parce qu'ils voient, et vos oreilles parce qu'elles entendent». (Mt 13.14-16)

Une petite mise au point
sur ces pages

Puissiez-vous lire ces pages avec les yeux du cœur. Mon but premier est de témoigner de ce qui m'est arrivé lors de ce passage de la mort à la vie en ce matin du 21 avril 1989. C'est vraiment à partir de ce matin de résurrection que ma vie a changé et s'est remplie d'audace, au point de m'avoir complètement transformé pour m'envoyer en mission et proclamer la Bonne Nouvelle à l'image des disciples que nous sommes appelés à devenir.

Je n'ai aucune retenue ni gêne à affirmer avoir vécu ce que Paul a connu sur le chemin de Damas. Chaque conversion est toutefois unique, et le Christ a agi avec moi de façon différente et à une autre époque.

Je ne vous demande pas de me croire. Libre à vous de le faire, mais pour l'honneur de Son Nom, recevez mon témoignage. Rien ne vient de mon imagination, et vous pouvez y voir l'œuvre de l'Esprit opérant en moi. C'est là une certitude que personne ne pourra m'enlever.

Ces mots couchés sur le papier n'auront un effet que si j'arrive à atteindre le lecteur dans le plus intime de lui-même, pour l'éveiller et le faire vibrer au seul nom de Dieu le Père. Je veux l'interpeller comme il nous arrive de l'être quand on fait la lecture de la Bible. D'ailleurs, les écrits de saint Jean et de Paul suscitent en moi une telle réaction depuis longtemps. Quand je les médite, ils me rejoignent au point où je pourrais les signer à mon tour.

C'est cette saveur, ce goût que je retrouve quand je me nourris de la parole de Dieu; cette parole qui me touche si intimement se décuple quand j'en témoigne, car je la vis!

Je demeure convaincu que plusieurs vivent la même situation que moi. La parole de Dieu a tant de force qu'elle s'adresse à chacun de nous personnellement, individuellement. C'est comme si c'était le Christ lui-même qui nous parlait.

Si je ne parviens pas, par ce manuscrit que vous lisez présentement, à atteindre mon objectif, c'est-à-dire à vous secouer dans tout votre être, c'est que je n'aurai pas réussi à susciter, à éveiller en vous cette prise de conscience que je désirais. Vous vous questionnez probablement sur le déroulement «normal» de ce que peut être une vie, un quotidien en dehors de l'absurde que propose un monde de sollicitations qui fusent de toutes parts et, qui plus est, sont alimentées par notre entourage, nos connaissances et nos amis; ceux-ci déterminent, par leurs valeurs, la conception de nos comportement dans l'agir et dans le faire.

Les mots sont si faibles, parfois, pour traduire la vie de l'Esprit en nous! Et, bien souvent, malgré notre désir de transmettre ce vécu, nous n'y parvenons que très maladroitement. Ces mots qui me parlent de Dieu ont une raison de vous atteindre et ils doivent être compris dans leur sens le plus fidèle afin qu'un déclic se produise en vous à votre tour.

Plusieurs ont cessé de suivre le Christ le jour où Sa Parole n'a plus pénétré leur cœur. La foi, j'aime à le répéter, est un don. Un don d'une force qui dépasse tout raisonnement. Mais ne m'amenez pas sur un terrain où l'ordre philosophique, théologique viendrait démolir tout ce que j'avance. Je ne possède aucune connaissance de ces sages et de ces grands. Tout ce qui m'habite et sort de mon cœur est d'une telle clarté et d'une présence de Dieu si vivante que je laisse à tout ce beau monde le loisir de me passer au crible pour mieux me ridiculiser.

Vivre l'expérience de Dieu au cours de sa vie est la plus belle expérience spirituelle qu'une personne puisse connaître et dont elle puisse ensuite témoigner.

Point n'est besoin de nous enfuir ou d'échapper à nos responsabilités quotidiennes d'hommes et de femmes. Mais cherchons à vivre notre vie dans cette profondeur qui jaillit de la rencontre avec Dieu.

Désormais, dans l'abandon le plus total, nous pouvons intégrer Dieu dans notre façon d'agir ; graduellement, la vie prendra une tout autre coloration, et un filet de bien-être, la source, dorénavant, sourdra en nous.

L'Esprit, allant ici et là, est au-delà du temps et de toute contrainte physique. Et celui qui est né de Lui participe à son mystère (Jean 3,8).

Une génération en voie de s'éteindre

De plus en plus, jour après jour, je vois les parents, les miens, mes amis, mes connaissances s'éteindre. La mort ne fait d'exception pour personne, mais l'étonnement est toujours aussi saisissant lorsque l'événement se produit; on ne s'y habitue pas. Un autre de ces mystères de la vie: jamais pour soi, toujours pour les autres.

Je suis né dans la période de l'explosion démographique qui a eu lieu au Québec dans les années 1930. Chez nous, c'était beaucoup plus qu'une famille; c'était une tribu, un clan. Je suis arrivé dans les derniers sursauts de la «vie productive» de ma mère, le seizième d'une couvée de dix-huit.

J'ai très peu de souvenirs vivaces de l'endroit où je suis né, dans la paroisse de Saint-Joseph-de-Lauzon (face à Québec), si ce n'est celui d'une grande maison avec, dans l'entrée, un escalier intérieur qui me fascinait sans que je comprenne pourquoi. Il me sécurisait. Il me semblait si solide! Mon père dut vendre la maison à cause de problèmes financiers. On se ressent encore de la grande dépression, communément appelée la Crise de 1939.

Le débiteur, face à mon père et à toute la marmaille qui l'entourait, n'a pas eu l'âme d'un samaritain. Au contraire. C'est l'argent, et non le cœur, qui le faisait vibrer. J'avais à peine trois ans lorsque mon père nous construisit une maison dans la paroisse voisine de Saint-Antoine-de-Bienville, qui est jouxtée à la paroisse cossue de Notre-Dame-de-Lévis.

Bienville était à l'époque un tout petit hameau et la rue où se trouvait la maison était si étroite que plusieurs passaient leur chemin sans la remarquer. La maison n'avait de nom que le nom. Elle était très modeste et très petite malgré ses deux étages. L'ouvrier qui aida mon père à la construire était tout un numéro, avec son langage de charretier qui résonnait dans mes oreilles d'enfant. Il s'insérait mal dans la famille que nous tissions à l'époque. Mais mon père n'avait pas eu le choix de l'engager puisqu'il travaillait comme machiniste pour le CN dans la paroisse de Saint-Malo, à Québec.

Inutile de vous dire que le mot «luxe» ne faisait pas partie de notre vocabulaire. Tout était pesé et calculé. La chaleur ambiante de cette modeste demeure faisait fondre toute ambition de grandeur. Nous nous retrouvions trois, quatre à coucher dans la même petite chambre. La table de la cuisine ressemblait à celle d'un réfectoire de pensionnat.

Le terrain sur lequel était construite la maison était de bonne dimension. Voilà pourquoi mon père, dans sa grande sagesse, avait prévu l'exploiter au maximum et nous l'avait fait défricher pour y aménager un immense potager. Tous les légumes communs du temps s'y retrouvaient, et plus que tous les autres, la «patate» (la pomme de terre, selon la désignation d'aujourd'hui, qui fait office de commercialisation tout en rendant le nom moins pauvre, moins déprimant. C'est incroyable ce qu'on arrive à faire seulement en jouant avec les mots. Une autre subtilité de notre temps. Quelle comédie!).

Quelques années plus tard, le travail de mon père l'amena à s'expatrier à Rivière-du-Loup pour exercer son métier. À partir de ce moment, c'est à ma mère qu'il délégua une partie de ses pouvoirs. Alors, quand il arrivait passer la fin de semaine à la maison, elle lui dressait le bilan familial de ce qui s'était passé. Et la note n'atteignait pas toujours le pourcentage requis pour passer outre à ses remarques. Mais rassurez-vous, mon père n'était pas violent malgré sa haute stature et le regard franc et direct qu'il pouvait poser sur nous. Plus tard, en lisant l'Ancien Testament, j'ai vu qu'il était un autre Abraham,.

Une chose que je n'oublierai jamais et qui est toujours aussi vive dans ma mémoire après toutes ces années, c'est quand je m'asseyais sur ses genoux, lorsqu'il revenait de Rivière-du-Loup ; je collais mon visage sur le sien et sa barbe me piquait. Ce détail, qui peut sembler anodin, est la chose la plus marquante, la plus extraordinaire que j'ai vécue avec mon père.

Mon père était un homme de terrain et un homme entier. Il avait sûrement des défauts, mais je ne les ai jamais découverts, sans doute parce que je le voyais très peu. La vie me l'a ravi très tôt ; il avait à peine 60 ans. Il était miné par les tracas et les soucis, et tenaillé, au cours de ses dernières années, par de fréquentes crises d'angine. J'avais à peine onze ans lorsque cette première colonne du temple s'écroula. À partir de cet instant, je me sentis plus fragile, plus sensible à tout ce qui se déroulait autour de moi. Je me répète, mais mon père était de cette race de la maison d'Abraham, de Moïse et de Jacob, et j'en suis très fier.

Après son départ, tout est devenu plus rationné à la maison, sous la gouverne de maman. On se passait des vêtements des uns aux autres pour en prolonger l'usage jusqu'à ce qu'ils ne fassent plus. Je demeurais le témoin de tout ce qui gravitait autour de moi. Puis les plus âgés ont déjà commencé à travailler pour aider ma mère à passer à travers. J'avais conscience de cette solidarité qui nous unissait.

Un jour, un de mes frères, pour aller au travail, avait fait l'achat d'un vélo. Imaginez! Je regardais cet engin appuyé contre le mur de la maison comme une invitation à prendre la clé des champs. Je me souviens de l'avoir enfourché pour faire un petit tour dans la cour, sans permission et, comble de malheur, de l'avoir brisé. J'ai mangé toute une salade de bêtises de mon frère et jamais, par la suite, je me suis permis de répéter la chose. Je regardais cet engin d'un air suspicieux.

À l'entrée de la cour, il y avait un énorme peuplier d'un côté et un majestueux érable à sucre de l'autre. Une grosse chaîne attachée à chaque extrémité faisait office de frontière. Notre territoire était ainsi marqué et il y avait défense absolue d'en franchir les limites pour quiconque n'y était pas autorisé! Ça ne m'était donc pas permis après mes retours de l'école, car j'étais dans les plus jeunes. Mais ça ne me posait pas de problème, puisque la cour était grande à souhait et que je me sentais bien à la maison.

Une longue carrière d'enfant de chœur

La seule façon de traverser la frontière, véritable ligne des buts entre le long manche de parapluie que représentait le peuplier et l'érable stylisé avec son allure de chapeau melon, m'a été donnée quand je suis devenu enfant de chœur et que j'ai été promu servant de messe, après avoir appris les réponses en latin que je donnais en réplique au prêtre officiant. Je devais donc aller à trois messes basses tous les matins de la semaine avant d'aller à l'école.

Dessin de Michel Bégin
Loisirs d'hiver
Rue Barras, Bienville, Québec, années 40

Lorsqu'il y avait des funérailles de première classe ou tout autre événement du genre, je devais assister le curé et ses vicaires, vêtus de leurs vêtements sacerdotaux de diacre et de sous-diacre pour la circonstance. Les grandes orgues s'éclataient tout en faisant la joie de l'organiste très coloré qui se dandinait sur son long banc en s'exécutant. Aussi gérant de la caisse populaire, il aimait bien, en fin d'après-midi, se donner en spectacle lors de ses exercices de pratique en en mettant plein les oreilles à ceux qui se déplaçaient pour l'entendre. C'était vraiment quelque chose à voir. Un phénomène !

Feu Émile m'a tout de même refusé mon premier prêt hypothécaire lors de l'achat de la maison, à Saint-David, quand je me suis marié en 1961.

Je prenais du galon dans le chœur de mon église en initiant les jeunes nouveaux au service de l'autel. À quatorze ans, il fallait partir pour laisser la place aux plus jeunes. De mauvaises langues vous diront qu'il y avait deux grandes familles dans la paroisse Saint-Antoine-de-Bienville, qui géraient le chœur dans le chœur : la famille Léliska Guay et le clan des Carrier.

Je n'ai pas été longtemps en chômage, puisque la communauté religieuse des Sœurs de la Charité de Saint-Louis-de-France (la maison provinciale) cherchait un servant de messe d'expérience. J'étais sur la liste de mon curé, auquel je vouais une admiration sans borne. Si je m'étais fait prêtre un jour, c'est lui que j'aurais pris comme modèle. Mais mon désir de séduire les jeunes filles, à cette époque, l'emportait sur un relent d'appel que j'aurais pu avoir. L'appel viendrait beaucoup plus tard, sous des traits différents, autres que celui de me faire prêtre.

La chapelle du couvent de Bienville était aussi grande que bon nombre de petites églises durant la période faste de l'Église du Québec. Là, c'était sérieux, avec une messe chantée tous les matins à 6 h 30, en plus de l'office des vêpres, le dimanche à 13 h 30.

À l'occasion, la tentation était forte de cultiver mon pouvoir de séduction sur les jeunes novices, à peine âgées de 18 ans. Il se trouve qu'il y en avait de très jolies dans le groupe. Et lorsqu'elles s'approchaient de la sainte table pour communier, en présentant la patène sous le menton, je la soulevais juste assez pour les toucher et leur envoyer du même coup un léger sourire angélique sous l'œil approbateur de l'aumônier Olivier, depuis lors trépassé. Il faut dire que j'étais aussi tombé dans les bonnes grâces de la sacristine sœur Marie-Léandre, qui me gâtait outre mesure avec les retailles d'hosties. De plus, elle faisait office de jardinière et c'est elle qui m'a tout enseigné sur la culture des plantes vivaces. À cette époque, avoir un beau parterre, comme on disait dans le temps, était le lot des familles nanties et bien en vue.

Dessin de Michel Bégin
La corvée de la semaine sainte
Rue Barras, Bienville, Québec, années 40

Ma carrière de servant de messe, commencée à 10 ans pour se terminer à 18 ans, m'en a fait voir de toutes les couleurs. J'ai été jusqu'à remplacer le bedeau lorsqu'il s'absentait. Une période marquante et belle de ma vie d'adolescent, dont je garde des souvenirs impérissables.

Au moment d'écrire ces lignes, je viens de lire dans le journal que l'église Saint-Antoine-de-Bienville fermera ses portes aux offices du culte au lendemain de la fête de Pâques 2004.

Ma mère : la lumière sur mon chemin

L'école primaire terminée, je fais un grand saut et vais à l'École supérieure de Lévis, dirigée par les frères Maristes. Je conserve un très bon souvenir de cette institution. C'est néanmoins là que je commence à prendre conscience du peu de ressources financières dont jouit ma famille. Ma mère a toujours des soucis d'argent, puisque les plus âgés de la famille ont quitté la maison pour faire leur propre nid. Tout cela me marque un peu et j'ai un cercle d'amis très restreint.

L'année 1952, après le décès de mon père, constitue pour moi une époque charnière. L'une de mes sœurs, la première que l'on nommait comme faisant partie des cinq derniers de la famille, s'est fait assassiner d'une manière brutale et barbare par un médecin de l'armée canadienne cantonné ici, à la base militaire en périphérie de Québec. Vingt et un coups de couteau, dont seul le dernier fut mortel. Sadique et révoltant. Ma sœur était une fille intelligente, brillante et toujours prête à relever les défis qui jalonnaient sa vie. Pour parfaire ses connaissances, elle s'était engagée dans les Forces armées de la réserve canadienne pour occuper ses loisirs après ses journées de travail. Elle se lia d'amitié avec un militaire de carrière, puis apprit qu'il était marié et voulut mettre un terme à cette relation. Mais lui ne l'entendit pas ainsi. Un soir qu'elle quittait la maison pour en découdre avec lui, elle n'est jamais revenue.

Plusieurs jours plus tard, on la retrouva morte en bordure d'un fossé, en Ontario. Reportez-vous 52 ans en arrière, dans une petite paroisse de la rive sud de Québec, Saint-Antoine-de-Bienville, paisible et tranquille… Un drame d'une telle envergure ne passa pas inaperçu. Tous les médias de l'époque débarquèrent, anglophones et francophones. Les journaux à sensations les plus sordides y sont allés de leurs commentaires, pas toujours respectueux. C'est toute la famille qui fut accusée de ce drame et pointée du doigt partout où elle allait. L'autopsie sur le corps de ma sœur de 21 ans démontra qu'elle n'avait pas été violée. Autrement dit, si ma sœur avait cédé aux avances de son meurtrier, peut-être n'aurait-elle jamais été tuée. Ma mère ne s'est jamais remise de cette dure fatalité et, neuf mois plus tard, au début du mois d'août 1953, elle en mourait de chagrin, emportée par un cancer généralisé qui lui fit souffrir tous les tourments.

Son silence suscita chez moi un profond sentiment de respect, de tendresse, d'amour. L'image d'une icône rayonnant de lumière et de mystère filtrait à travers la douleur qui la dévorait. Même avant cette triste période, je savais d'ores et déjà que ma mère était une sainte femme. Son départ fut vraiment la seconde fois de ma vie où je sentis que la pièce maîtresse de la maison venait de s'écrouler avec la chute de cette deuxième colonne. Dans mon cœur, les liens qui m'unissaient aux miens semblèrent se dissoudre à cet instant même. Je sentais que, dorénavant, ce serait chacun pour soi.

Alors que la plupart étaient partis de la maison et que je m'étais retrouvé pratiquement seul avec elle, c'est là que j'avais découvert toute la richesse intérieure de cette femme croyante et habitée d'une foi évangélique. Malgré toute sa fragilité et le peu de ressources qu'elle avait, elle me sécurisait et je puisais ma force dans sa faiblesse.

En faisant le survol de ce que j'ai vécu, je constate que ma mère demeure sans contredit le point fort, la balise qui m'a

toujours gardé et ramené dans le droit chemin, qui m'a permis de continuer à avancer dans cette voie où tout est toujours
à recommencer. Le but ne sera jamais atteint ici tant que nous
n'aurons franchi l'autre rive.

Je ne suis plus le même

Le départ de ma mère chamboula tout. La petite maison de Bienville où j'avais coulé tant de jours heureux malgré le peu que nous avions, un de mes frères en hérita avec les derniers des quatre enfants, la première étant décédée de façon tragique. Il n'y avait plus d'âme entre ces quatre murs, et mon frère était dans les travaux par-dessus la tête puisque la maison tombait en ruine. Elle avait été construite avec rien et le bran de scie dans les murs servant d'isolation causait des problèmes lorsque les pluies et les vents du nord-est s'abattaient sur elle.

Après ma douzième année scientifique, en juin 1954, j'aurais bien aimé poursuivre mes études, mais le cœur n'y était pas et je ne voulais pas abuser de l'hospitalité de mon frère, à qui revenait la tâche de subvenir à nos besoins, comme cela avait été prévu par les dernières volontés de ma mère. Alors, j'ai vraiment commencé à changer de comportement. J'étais insoumis, insolent et souvent très désagréable envers les miens. Je voulais toujours tout ramener à moi. Égoïste, je me prenais pour un autre: j'étais orgueilleux, hautain et imbu de moi-même. Malgré tous ces masques que je portais, je ne me sentais pas plus heureux et je faisais donc souffrir beaucoup de gens tout autour de moi. Je voulais me venger de ce qui m'était arrivé. Le décès de ma mère m'avait littéralement envahi et j'avais de la difficulté à passer à travers.

Peu de temps après, je trouvai un bon emploi comme correcteur d'épreuves pour un grand quotidien de Québec. Je travaillais la nuit, mais je trouvais ce travail intéressant. À peine un an plus tard, on me proposait d'apprendre sur le terrain le métier de journaliste. Il ne se donnait pas encore de cours de journalisme à l'université. Mais j'ai refusé, car déjà, à cette époque, j'avais peur du changement. J'ai longtemps eu peur de l'inconnu, et ce n'est qu'au cours de ces 20 dernières années que j'ai surmonté cet obstacle. Aujourd'hui, je réalise que c'est le manque de confiance en moi qui m'amenait à être sur la défensive pour mieux protéger mes acquis.

Je suis donc demeuré à l'atelier du journal, où j'ai appris le métier de typographe. Là, c'était vraiment le pactole. Des augmentations de salaire tous les six mois. L'argent s'accumulait beaucoup plus rapidement qu'il ne se dilapidait. J'étais très économe, suivant l'exemple de maman qui, pendant toutes ces années, nous avait incités à ne rien dépenser puisque nous n'avions rien. Étant fortement enraciné dans cette façon de vivre, je ne voyais pas la nécessité de gaspiller, je n'en sentais pas le besoin. Ah si ! Sauf pour l'achat d'une Volkswagen noire, une Coccinelle, une auto très recherchée et originale en 1959. J'ai fait un tabac avec ça et j'étais très populaire auprès des jeunes filles, de nombreuses filles. Cet été-là, j'ai fait le tour de la Gaspésie avec un de mes amis du journal et j'étais un don Juan partout où j'allais. Il suffisait de dire que tu venais de Québec et les filles te sautaient au cou. Quelles vacances ! La vie dissolue que certains jeunes ont au Québec depuis plusieurs années n'était pas courante à cette époque et je ne regrette rien de ce que j'aurais pu perdre.

Mes nombreuses visites sur la terrasse Dufferin avec mes deux plus fidèles amis, le samedi soir, nous ramenaient tard sur la rive sud. Ils m'accusaient souvent de ne jamais leur laisser assez de filles. Bien au contraire, j'en avais par-dessus les bras et beaucoup trop pour moi ! Mais toutes ces jeunes filles, en dehors de leur physique, ne m'attiraient pas outre mesure. Je m'en lassais rapidement et j'étais toujours à la recherche de la femme qui aurait fait tourner mon cœur d'une manière non équivoque.

Un soir que je me trouvais sur le traversier Louis-Jolliet pour aller en direction de Sainte-Anne-de-Beaupré, laissant l'auto, je suis monté sur le pont principal, où prenaient place tous les piétons. À peine assis dans la grande salle, je croise le regard d'une jeune fille d'une beauté extraordinaire. Elle est belle sans bon sens! Je n'ai jamais vu une telle allure, une telle classe. Ses cheveux sont d'un noir étincelant et ramenés à l'arrière comme par un turban. Je veux défaillir, mon cœur tourne à vive allure et veut sortir de ma poitrine. Elle n'est pas seule, elle est avec une amie beaucoup plus grande qu'elle. Je ne peux tout de même pas l'aborder comme ça… Et le traversier qui approche de son point d'attache! Je ne peux la suivre, elle est à pied et je dois descendre vers le pont inférieur pour prendre mon auto et poursuivre ma route. Son image m'a toujours poursuivi par la suite et après maintes recherches, j'ai appris qu'elle demeurait elle aussi dans une paroisse voisine de Lévis. J'ai fini par la croiser une autre fois sur ce même traversier et là, j'ai entrepris de lui parler. Mes conquêtes passées ne rendaient pas mon approche plus facile pour autant. Au contraire, devant elle, je perdais tous mes moyens et mes maladresses m'amenaient à faire nombre de gaffes stupides. Tout en elle me fascinait. Elle me figeait, elle me paralysait.

En faisant plus ample connaissance, j'ai découvert au fil du temps une fille aimant la vie, raffinée, vive d'esprit. Je me trouvais gagnant sur tous les points, puisque ses parents m'ont accueilli comme leur propre fils car elle était fille unique. Nous trouvions toutes les occasions de nous rencontrer et l'amour que nous avions l'un pour l'autre faisait monter le thermomètre à son maximum. Dix-huit mois plus tard, le samedi 24 juin 1961, nous nous mariions, pour le meilleur et pour le pire.

Pauline avait toutes les qualités et était pourvue de nombreux talents. Je faisais l'envie de plusieurs, ce dont j'ai même souffert. un peu plus tard, puisqu'elle était la convoitise de plus d'un. Sa beauté et sa naïveté lui jouaient de bien mauvais tours. Deux enfants naquirent de cette union. Une fille et un garçon à l'image de la beauté de leur mère, qui continuent toujours de faire ma joie.

Plus souvent qu'à mon tour, je faisais le préfet de discipline et je devais trancher pour les questions d'éducation et d'organisation familiale. Pauline était beaucoup plus permissive (elle était fille unique), et c'était toujours oui avec elle. Alors quand je me posais en juge, j'expliquais inlassablement aux enfants les raisons de mes refus. Grâce à Dieu, je n'ai jamais eu trop de problèmes sur ce plan. Elle s'en remettait constamment à mon jugement. J'avais parfois l'impression d'être dans la même barque mais de ramer à contre-courant. J'aurais aimé qu'elle s'implique d'une façon plus soutenue, parce qu'aux yeux des enfants je freinais leur enthousiasme. C'est peut-être l'inconscient de mon éducation à la Quaker qui refaisait surface : «Tout m'est permis, mais tout ne me convient pas.»

J'avais beau avoir certaines qualités, j'étais loin d'être parfait. Il m'arrivait de hausser le ton lorsqu'il y avait mésentente sur ma façon d'agir. J'étais, et je m'en confesse, plutôt égoïste. Je voulais tout recevoir sans trop donner, plus chiche que prodigue. Quand j'invitais ma famille, mes amis, je voulais toujours leur en mettre plein la vue et je prenais un malin plaisir à prendre le plancher, comme on dit. Je pouvais me permettre de changer d'auto assez souvent, et là, j'étais gonflé d'orgueil, comme quand je fis l'acquisition d'un chalet sur le bord d'un lac avec un immense terrain, voyant dans cet investissement un immense potentiel.

Je voulais ce qu'il y avait de mieux pour mes enfants et, quand ils ont été rendus au secondaire, je les ai mis au défi de choisir entre le privé et le public pour la poursuite de leurs études. Voyant leur facilité à apprendre et les valeurs qui les animaient, j'espérais qu'ils feraient un choix réfléchi, tout en sachant que je voulais bien les armer pour faire face à la vie qui se dessinait devant eux. Je me suis toujours efforcé de leur enseigner l'amour de Dieu, le respect des autres et l'équité en toute chose.

Tous ces principes étaient fondamentaux pour moi et même lorsque je me suis impliqué dans mon syndicat, il m'est arrivé de faire le point et de trancher en faveur d'un confrère qui avait dérobé une certaine somme d'argent à son profit. Tous les autres sans exception lui avaient jeté la pierre et étaient prêts à lui faire perdre son emploi. C'est là que je suis intervenu et que j'ai plaidé en sa faveur, expliquant à mes confrères que l'argent, ça pouvait se rembourser, alors que si on le gardait parmi nous, sa faute de nous croiser jour après jour serait pour lui quelque chose de plus pénible que de lui faire perdre son emploi. Et puis il aurait pu commettre un geste désespéré à la suite de cela et je n'aurais pas voulu vivre avec un tel événement sur la conscience. Qu'on le veuille ou non, cela a été pour moi le début de mon besoin d'aider les autres, ce dont j'ai bien le droit de m'en enorgueillir !

Même si je reconnais que j'étais parfois de nature excessive, j'ai eu l'occasion de m'impliquer sur différents plans dans ma communauté. Maintes fois, on a voulu que j'adhère à des mouvements sociaux ou politiques. Mais j'avais flairé dans ces regroupements une forte dose d'ego. Et certains en faisaient partie pour se faire du capital sur plusieurs plans. Cette forme de bénévolat m'a toujours répugné et j'ai toujours le même sentiment aujourd'hui. Le pur bénévolat demeurera toujours, mais il ne monte pas aux barricades pour se faire valoir. Il s'agit bien plus de se faire petit et d'être au service des autres dans le plus parfait anonymat, à l'exemple du Christ.

Mais revenons à Pauline. Je n'étais pas toujours un cadeau à vivre et on peut dire que Pauline avait parfois son voyage, comme on dit. Et elle avait raison! Maintes fois, je me suis dit alors que je ne méritais pas une femme d'un tel raffinement. Elle était tout à fait unique, exceptionnelle. Et je crois bien que la longue grève au journal à la fin des années 1970 a été à l'origine de bien des perturbations sous notre toit. Cette grève me déstabilisa beaucoup. Je souffrais d'insécurité et j'avais élaboré dans ma tête les scénarios les plus pessimistes. Et si le journal ne pouvait retrouver son rythme de croisière par la suite? Ou s'il fermait ses portes? Tous ces problèmes me causaient des difficultés sur le plan affectif, avec Pauline. Mon attitude, mon comportement nous divisaient et l'harmonie n'était pas au rendez-vous. C'est là qu'elle me proposa de retourner sur le marché du travail. Car à l'époque où nous nous étions mariés, la femme devait quitter son emploi quand elle en avait un. Dans les années 1960, ça se passait comme ça. On était loin des garderies à 7 dollars! Donc, Pauline voulait changer d'air, car j'étais en train de l'asphyxier et de la freiner dans tout ce qu'elle faisait.

Son sourire qu'elle avait momentanément perdu lui revint. Je la sentais plus joyeuse, plus épanouie, mais je ne pouvais en goûter tous les fruits puisque je la sentais quelque peu distante de moi. Sa façon de se vêtir pour aller travailler m'agaçait, me dérangeait. Ses décolletés plongeants m'en faisaient voir de toutes les couleurs. Elle m'avoua qu'on lui tournait autour et que cela la flattait. La grosse boîte dans laquelle elle travaillait comptait autant d'hommes que de femmes, et elle était effectivement *la femme*.

Subrepticement, j'étais en train de développer une jalousie difficilement contrôlable, et cela ne faisait que rajouter à notre mésentente. Je souffris énormément durant cette période mais je m'en sortis parce qu'enfin, après onze mois, la grève se termina au journal et Pauline décida de revenir à la maison. Je m'en suis alors tiré par la peau des dents, mais c'est certain qu'il y a «quelqu'un» qui m'a aidé dans toute cette affaire.

Cependant, tout n'est jamais totalement rentré dans l'ordre. Elle me disait à l'occasion qu'il s'était installé une routine entre nous et que je n'étais pas toujours à l'écoute de ses besoins. À un moment donné, j'ai réellement eu peur qu'elle me quitte, mais pas nécessairement pour un autre. Sur ce point, elle était catégorique et je l'ai toujours crue. En fait, c'est moi qui m'étais distancié d'elle, car je la sentais plus libre que je ne pouvais l'être.

Petit à petit, les choses se replacèrent, mais pas pour long-temps. L'année 1984 n'était pas complètement terminée que l'humeur de Pauline changea rapidement. La femme douce, ré-servée et pleine d'entrain qu'elle était commençait à donner des signes inquiétants. Il y avait un certain laisser-aller dans sa façon d'agir. Elle élevait le ton, ce qu'elle ne faisait jamais auparavant, elle s'habillait de façon désordonnée et prenait peu soin de sa personne. Je ne reconnaissais plus la femme que j'avais épousée. Je lui suggérai alors de vendre la maison pour aller habiter ailleurs, pensant que les choses rentreraient ainsi dans l'ordre. Tout se déroulait à vive allure et quand j'allai visiter d'autres maisons, elle ne voulut pas m'accompagner, prétextant que cela ne l'intéressait pas. Je recevais des appels téléphoniques et elle ne m'en informait pas, ou laissait des ronds de poêle allumés, feignant l'oubli...

1985, l'année choc
où tout changea dans ma vie

En juin 1985, nous quittions notre maison pour nous rapprocher de Québec, tout en gardant le cap sur la rive sud. Ayant commencé leurs études universitaires, les enfants en profitaient puisque cela leur évitait de longs déplacements. Ce changement d'environnement fut salutaire à tous, sauf à mon épouse.

Sa mère nous avait rendu visite peu de temps après notre aménagement et, quelques jours plus tard, au début d'août, elle décéda. Ce fut une lourde perte : j'avais l'impression de perdre à nouveau ma mère. Cette femme avait un cœur d'or et elle aimait bien gâter ses deux petits-enfants, qu'elle adorait. Elle trouvait toutes les occasions de nous accueillir et c'était toujours la fête lorsque nous partagions un repas avec elle. Me considérant beaucoup plus comme un fils que comme un gendre, j'avais développé une bonne communication avec elle, et mes liens étaient tout aussi forts avec son mari. J'aimais bien leur rendre visite et me sentais à l'aise avec eux en toute occasion. On m'avait donc demandé de prendre soin d'eux et de voir à l'entretien de leur humble maison.

L'état de Pauline se dégradait, et la mort de sa mère ne sembla pas l'affecter outre mesure. Voilà à peine quelques mois que j'habitais cette nouvelle maison que mes voisins trouvaient bizarre le comportement de mon épouse. Quelques-uns m'en parlèrent et me dirent qu'elle se présentait parfois chez eux sans qu'ils l'aient invitée. Et moi qui travaillais en fin d'après-midi, de 16 heures à 24 heures. De 15 h 30 à 17 h 30, j'aurais besoin d'aide pour la surveiller puisque les enfants ne revenaient de l'université qu'à cette heure-là. J'eus beau frapper ici et là, on me refusa de l'aide ; même une institution religieuse me la refusa. Pourtant, ces personnes consacrées au service de Dieu étaient libres et disponibles. Je ne demandais qu'une période de surveillance jusqu'à l'arrivée des enfants. Mais on avait peur d'elle et de son agressivité. J'étais découragé. Et l'appui ne vint pas plus de mes frères et sœurs, même si Pauline les recevait très souvent.

J'avais de la difficulté à comprendre ce qui m'arrivait et le peu de confiance que j'avais était en train de se dissoudre. Les choses les plus simples devenaient de plus en plus compliquées à faire et j'aurais voulu disparaître pour ne plus faire face à tous ces problèmes qui m'assaillaient.

Dans le processus de sa maladie, qui se développait au rythme des jours, tout était si subtil que je n'y voyais rien, au point de vue physique, qui eût pu l'affecter. Comme nous tous, elle mangeait, dormait, ne se plaignait d'aucun malaise. La seule chose qui captait mon attention, c'est qu'elle parlait sans arrêt, sur un ton très élevé. J'avais beau lui demander de baisser le volume, d'arrêter ce débit qui coulait sans discontinuer, il n'y avait rien à faire. Je ne savais pas quoi faire, car je n'étais pas devant un appareil radio où il m'aurait suffi d'étirer le bras en poussant mon doigt sur l'interrupteur pour mettre un terme à ce charivari. Non, ça ne se passait pas comme ça. Je ne connaissais pas la raison à son comportement et je mettais tout ça sur le compte de la ménopause. C'était infernal, comme si ma tête allait éclater. Je n'avais aucun répit et c'était un perpétuel recommencement. Mon esprit était assailli de toutes parts et je me sentais de plus en plus seul, abandonné. J'essayais de le cacher le plus possible à mes enfants en leur évitant de parler de tous ces détails qui perturbaient mon quotidien et, très souvent, quand je quittais la maison en fin d'après-midi pour aller au travail, je me retenais en faisant des efforts pour ne pas vomir. Angoissé, anxieux, j'avais peur, et me rendre au travail était tout aussi stressant. Des scénarios défilaient dans ma tête : que va-t-elle faire cette fois-ci? Provoquer un incendie? Mettre le feu à la maison? Quitter la maison sans savoir où elle va? Tout ce qui m'arrivait et ce que je vivais était d'une telle intensité que j'en perdais mes moyens. Pourquoi? Pourquoi moi?

Une traversée du désert d'un an et demi, suivie d'une descente aux enfers d'une durée de deux ans et demi, voilà les ingrédients qui assaisonnèrent une partie de ma vie, de 1985 à avril 1989.

Inutile de vous dire que ce furent les moments les plus difficiles de mon existence, tant le cadavre que j'étais était ballotté de tous côtés et incapable de faire naufrage pour déposer les armes.

Jour après jour, une détresse, un désarroi, une lassitude, un vide indescriptible m'habitaient. J'avais beau pleurer, crier, supplier, prier, rien n'y faisait et mon cancer de l'âme était plus puissant que ma volonté de vivre. Pour me libérer de cette ultime impasse, le suicide se présenta à moi comme une douce tentation, une panacée, une drogue, un moyen de mettre un terme à cette vie dont j'avais toujours cherché à me rapprocher même si je ne comprenais pas toujours le sens et le pourquoi de ce passage obligé avant de partir pour l'au-delà.

Durant toute cette période, j'arrivais à peine à fonctionner de façon normale, cherchant sans cesse à dissimuler mon désarroi face à mon entourage et particulièrement dans mon milieu de travail. Il ne fallait surtout pas qu'on se rende compte de ma situation. Il est vrai que j'étais peu loquace et que je ne me mêlais pas au groupe dans les conversations ou à la pause café. Replié sur moi-même, je n'avais que l'écho de ma douleur pour me tenir compagnie.

De fait, il n'y avait qu'une personne à qui je pouvais me confier, un copain de travail qui fut pour moi d'un grand secours. Étant à l'écoute de ce qui m'arrivait, il était le seul lien qui m'unissait à mon destin tragique. Depuis belle lurette, les ponts étaient déjà rompus avec ma famille et je ne voulais pas leur en imposer davantage. On avait déjà trop entendu mon histoire et, de surcroît, je sentais son soutien se dissoudre.

Même si je suis issu d'une grande famille, je n'ai jamais senti cette solidarité, ce dépassement pour l'autre, ce «tricoté serré» que j'ai eu l'occasion de connaître beaucoup plus tard par le biais d'amitiés. On s'aimait bien les uns les autres, mais sans plus. Cet élan du cœur, cette générosité à toute épreuve, je ne les sentais pas. J'aurais bien aimé avoir une vie familiale où le don de soi pour l'autre aurait été une priorité. Je regrettais cet état de choses et je le leur soulignais. On me répondait laconiquement que tous vivaient leurs problèmes et qu'il valait mieux ne pas leur forcer la main ou sonder leurs cœurs. Il m'arrivait souvent de les provoquer en les interrogeant sur des questions existentielles où l'on n'aimait pas trop s'aventurer de peur d'y perdre quelques plumes. Voyez-vous, le questionnement a toujours été primordial pour moi. J'ai toujours aimé et j'aime encore aujourd'hui faire des remises en question et des mises au point sur le sens à donner à cette vie sur le plan du cœur.

Tout ce dérèglement de mon être, de ma personnalité était relié au changement subit de mon épouse. Ses sautes d'humeur, son agressivité, ses comportements étaient loin de me laisser indifférent.

Je ne reconnaissais plus celle avec laquelle j'avais tissé ma vie. Hormis son éternel sourire, tout avait disparu ou presque.

J'avais beau composer avec cette situation, tenter de m'y adapter, rien n'y faisait.

De temps en temps, je la suppliais d'aller consulter un médecin, mais c'était peine perdue ; elle me renvoyait la balle, me suggérant plutôt de le faire moi-même.

J'ai vécu des situations abracadabrantes pendant près de trois ans, soit à la maison, soit dans des endroits publics. La situation était de plus en plus intenable et je commençais à perdre patience. Nos voix s'élevaient de part et d'autre, mais sans plus.

Entre-temps, il y eut une suite de décès assez rapides. Toujours pas de visite chez le médecin jusqu'à ce que j'intervienne, à la suite du décès de son père, à la fin de novembre 1987, à l'âge respectable de 86 ans. Comme sa mère, il n'avait jamais bien cerné l'aggravation subtile de sa maladie.

Au salon funéraire, à l'occasion du décès de ce dernier, Pauline était complètement déconnectée de la réalité. Elle passa ainsi cette période dans la plus totale indifférence. Elle riait, allait et venait dans tous les sens, faisait des remarques désobligeantes sans se rendre compte que son père était là, mort, dans un cercueil. Encore là, il était impossible de la contenir. Ma parenté, sa parenté, mes confrères de travail étaient abasourdis.

Elle avait un cousin neurologue, et je lui fis part de mes appréhensions au sujet du déséquilibre psychologique qui était en train de m'atteindre. Plus cela allait, plus je perdais confiance en moi. À la simple idée d'aller travailler, je paniquais, j'avais des palpitations. Le soir, quand je me couchais, je pleurais plus souvent qu'à mon tour. Je voulais dormir pour ne plus m'éveiller tellement que ça me faisait mal. Je n'avais vraiment plus la situation en main et j'étais sur le point de sombrer avec elle. Jugeant la situation préoccupante pour moi, il choisit d'aller à la source du mal en faisant entrer en catastrophe mon épouse à l'hôpital en ce mercredi de temps neigeux et venteux du 9 décembre 1987.

Ce qui devait être un court séjour se prolongea jusqu'au 15 mars 1988. Je n'avais donc plus à la surveiller sans arrêt, mais ça ne mettait pas un terme à mes tourments.

Un peu à la manière du bétail, on l'avait vite marquée pour l'expédier dans l'aile des psychiatrisés, l'aile des fous, avec tout ce que cela comporte : elle fut enfermée, isolée, droguée. Comment oublier cet hôpital ? À maintes reprises, lorsque je lui rendis visite, je la vis vêtue d'une camisole de force ou le visage tuméfié, un œil au beurre noir. On l'avait traquée comme un animal et soustraite à sa dignité. Et chaque fois que je quittais l'hôpital, je pestais contre cette bande de médecins spécialistes qui prétendaient tout savoir et ce système de santé québécois qui n'allait nulle part même après toutes ces études et tous ces rapports. Seul le personnel infirmier en était digne et le portait à bout de bras.

À sa sortie de l'institution, on posa un diagnostic sur son état, mais on me recommanda fortement de la faire examiner à l'Institut neurologique de Montréal pour confirmer ou infirmer le verdict. À la suite d'une telle suggestion, comment ne pas soulever le problème de la duplication des tâches dans les hôpitaux ? Il est vrai que le système de la « castonguette » en favorise plus d'un... Si les médecins étaient payés hebdomadairement plutôt qu'à l'acte et déléguaient plus de pouvoirs aux pharmaciens et aux infirmiers, la situation pourrait peut-être s'améliorer.

À mon arrivée dans la métropole, l'entretien que j'eus avec le responsable de l'équipe de spécialistes fut des plus sympathiques et on alluma même chez moi une lueur d'espoir dans mon imaginaire.

Dans ma naïveté la plus absolue, on me laissa entendre que le Centre hospitalier de l'Université Laval (CHUL) n'avait pas nécessairement les experts nécessaires pour poser un bon diagnostic et qu'à première vue mon épouse n'avait pas le profil de la maladie d'Huntingdon.

Inutile de vous dire que durant le trajet de retour Montréal-Charny (Québec), l'emballement, l'euphorie et la joie qui m'envahissaient étaient si grands que la petite parcelle de pessimisme qui faisait corps avec moi sembla fondre au plus profond de mon être. Mais déjà, elle était de trop.

Quinze jours plus tard, précisément le 15 mai 1988, lorsque je retournai à l'Institut neurologique de Montréal pour aller chercher Pauline, toute ma frénésie, mon espoir, mes attentes basculèrent dans le gouffre du néant. Le verdict fut impitoyable et sans aucune retenue, aucune réserve, aucun ménagement; je revois encore l'équipe de spécialistes se laver de leur sentence, semblable à celle formulée par le CHUL. Je leur demandai de me donner de plus amples informations sur cette maladie et ils me répondirent qu'ils en savaient eux-mêmes très peu. Il s'agissait d'un syndrome neurologique, caractérisé par des mouvements brusques et involontaires. Les cellules du cerveau meurent sans se régénérer, causant tout un dérèglement de ses fonctions.

On m'avisa que Pauline serait sujette à des crises qui seraient difficiles à supporter et qu'il me faudrait prendre en note tout comportement inhabituel. L'espérance de vie pouvait aller de 8 à 20 ans. Voilà en fait ce qu'était la Chorée d'Huntingdton.

Le cancer de l'âme

Ma réaction fut acidulée et teintée d'arrogance. Pour parler québécois, je ne le prenais tout simplement pas. Une tempête de révolte prit naissance et se mit à germer en moi.

La récolte fut des plus amères : pâleurs, sanglots, gémissements, découragement, lassitude, écœurement, mépris de moi-même, perte de mes capacités intellectuelles, prise de conscience de mon incapacité de réagir, sentiment de nullité, rejet de mes amis… Toute la richesse du vocabulaire est impuissant lorsqu'il s'agit de décrire la force dévastatrice du cancer de l'âme que l'homme peut parfois rencontrer au cours de sa vie terrestre.

Doit-on en rire ? Doit-on pleurer ?, dit si bien le chanteur français Jean Ferrat dans une de ses chansons. Personnellement, et je pèse mes mots, je plains l'homme qui ne passerait pas par cette étape, qui ferait des pieds et des mains pour passer à côté de cette phase de sa vie et n'aurait donc pas à puiser au fond de lui-même pour s'interroger sur tout ce qu'il a accumulé au fil des ans en portant une multitude de masques.

La clé de tous ses malheurs, c'est l'homme qui la détient, et elle a pour refuge la chambre, l'entrepôt, le débarras de son cœur. L'orgueil trône d'une façon omniprésente, royale, princière, et occupe toute la place parmi les ingrédients, la nourriture que contient ce garde-manger. Ces ingrédients que sont l'argent, la manipulation, le pouvoir, le sexe, l'envie, la colère, la convoitise, la médisance, le vol, la violence, l'alcool, la drogue et toute la panoplie de maux que l'homme a su s'inventer et créer depuis qu'il a brisé sa relation avec Dieu.

De retour chez moi avec mon petit malheur, ce fut le début de ma descente aux enfers alors que j'avais à peine terminé ma traversée du désert. Cinq semaines plus tard, l'été commencerait, avec tout ce que la Providence nous donne pour préparer la table du festin : soleil, lumière, joie de vivre, conjointe, enfants, famille, amis, terre, pluie, semence, récolte. Tout y était, mais moi, je n'étais pas au rendez-vous ou j'avais pris une place qui ne m'appartenait pas, puisque le cœur n'y était pas. Je n'avais pas l'habit de noces. Et Pauline, dans tout cela, assortie de son éternel sourire et de sa gracieuse beauté…

Le soleil, lorsqu'il se pointait au rendez-vous, brillait pour les autres, mais pas pour moi ; il était devenu ténèbres. Les jours étaient d'interminables sentiers parsemés de trous, de creux qui ne menaient nulle part. Par sa détérioration neurologique, Pauline m'entraînait inconsciemment dans son univers de folie dévastatrice où, bien souvent, des gens sains d'esprit, pour éviter de faire face à leur propre reflet ou d'être confrontés à leurs problèmes, sombrent dans le monde de l'alcool ou des drogues. À ce sujet, mon médecin de famille aurait bien voulu, pour me soustraire à ce mal de vivre, me «geler» momentanément pour atténuer les effets de ma descente aux enfers. Je n'ai jamais accueilli cette proposition comme une panacée et je lui répondis que j'avais un problème à régler et que ce ne serait pas lui qui y parviendrait avec sa médication. Le Seul qui pouvait réellement m'aider sans me causer d'effets secondaires était Dieu, en qui j'ai toujours eu une foi et une confiance à déplacer les montagnes. Ce qui peut paraître impossible à l'homme ne le sera jamais avec Lui, et cela, je tiens à le proclamer et à le crier très fort. J'ai toujours eu et conserve toujours ce cœur d'enfant, cette merveille.

L'été 1988 n'était pas terminé que survint un autre décès, celui d'un de mes frères, mon aîné de dix ans, emporté par un cancer. Ce départ me fit très mal, car j'étais en quelque sorte devenu son confident à la suite d'un divorce qui l'avait broyé quelques années auparavant. Son départ parmi les siens n'était pas étranger à la situation qu'il avait vécue.

L'idée du suicide

Comment réagir à tout ce qui m'arrivait ? Je n'en avais pas la force...

Avant que survienne l'hiver 1989 arriva novembre, avec son cortège funèbre : pluie, vent, tourmente, et la mort qui vient prendre possession de ce qui reste de la vie... Et, comme pour ajouter à mon désarroi, l'idée, la pensée du suicide scella la toute petite parcelle de vie qui était encore vivante dans mon esprit. C'était un samedi de la mi-novembre, glacial, attisé d'un vent qui vous traverse jusqu'aux os. J'appelai mon frère cadet pour lui donner rendez-vous sur les plaines d'Abraham avec l'intention de lui dévoiler ce que je voulais faire dans les jours suivants. Je voulais le mettre au courant afin qu'il ne soit pas surpris outre mesure de tout ce qui pouvait m'arriver à partir de ce moment.

La mort m'invitait à la suivre dans son repaire. Je n'avais qu'à me laisser emporter. J'étais fatigué, épuisé, je pleurais, je souffrais, je n'en pouvais plus de souffrir. J'étais broyé, rompu. J'étais rendu au bout du chemin, j'étais rendu là où il ne conduit plus nulle part, j'étais perdu, je me sentais abandonné de tous, je n'avais qu'à me laisser conduire.

Le temps qu'elle s'installe, cette pensée me réjouit, me séduit. Enfin... Enfin, je serais libéré, j'arrêterais de mourir. Sitôt goûtés la peur, l'effroi, ce cocktail qui était le mien depuis des années, des mois, des semaines, des jours, des nuits, et ce temps présent reprit ses droits. Pour la première fois, un sentiment de forte inquiétude m'envahit comme lorsqu'on ferme un livre, qu'on abandonne des choses ou qu'on fait une mauvaise récolte.

L'heure du jugement venait de sonner pour moi et j'avais des comptes à rendre, un bilan à déposer aux pieds de mon Maître. Avais-je si mal exploité les talents qu'il m'avait donnés ou bien m'étais-je tout simplement contenté de les enterrer, de crainte de les perdre en tentant de les faire fructifier ? Instantanément, la réponse me fut donnée. L'idée qui m'avait séduit quelques instants auparavant, soudainement, me répugna.

La toute petite lumière qui vacillait certainement au plus profond de moi se ranima subrepticement. Dieu, ce Dieu d'amour, de pardon, de miséricorde, de liberté et de vie, dans son infinie bonté, se manifesta de nouveau même si, durant toutes ces années, Il n'avait pas toujours eu la place qu'Il méritait. Pas plus ni moins que la moyenne des gens, je m'accommodais d'une religion à ma mesure, sécurisante mais surtout pas trop dérangeante. Une pratique soutenue entrecoupée de quelques incartades, pas nécessairement exemplaire. Je mangeais du prochain probablement plus souvent qu'à mon tour en pensant que mes exercices de prière, d'aumône et de bonnes œuvres me vaudraient mon salut. Il faut croire que ce Dieu d'amour, de pardon et de gratuité ne pouvait plus attendre rien d'autre de moi, étant donné que les responsables de mon salut, du haut de leur savoir, m'avaient enseigné ce qu'eux avaient décidé être bon pour moi. À moins que Lui-même ne se charge de Sa Bonne Nouvelle pour m'ouvrir les yeux et me faire entendre de nouveau…

Ce moment de réflexion et le désir de m'en sortir, de me libérer l'emportèrent sur le projet de m'autodétruire. Au cours des dernières années, une force intérieure (je l'appelle le travail de l'Esprit saint) a monté en moi et, tranquillement, j'ai commencé à garder mes distances face à une Église qui m'avait enseigné une religion de peur. Je ne pouvais croire que Dieu, mon Père, était un être mesquin, voire une sorte de comptable prêt à comptabiliser mes écarts, mes délits et tous ces péchés qu'on m'avait enseignés par toutes sortes de défenses. Si vous voulez que le péché prenne toute la place, instituez des lois, des défenses; dès lors, vous aurez certes les résultats escomptés. Ceux qui croient que le péché n'existe pas, détrompez-vous: il est présent, trop présent à mon goût, mais pas nécessairement là où certaines personnes voudraient bien le situer.

Du Vendredi saint au dimanche de Pâques

Je crois sincèrement qu'à partir du moment où l'idée du suicide s'était présentée à moi comme une forme de libération, j'avais atteint le fond du baril, j'achevais de traverser ce long tunnel où il n'y avait aucune lumière, aucune veilleuse. Seule la petite lumière pilote restait égarée, cachée et devenait par le fait même le dernier fil qui me retenait à la vie. Ce minuscule point blanc dans la nuit, c'était mon Dieu d'amour qui venait me sortir du gouffre où je m'étais moi-même enlisé au cours de toutes ces années, par mon orgueil et tous ces dérivés qui composent le péché. J'étais sur le point de renouer ma relation avec Dieu. Et le cœur contrit, je lui avouais que j'avais péché et que j'avais besoin de son aide pour m'en sortir.

L'hiver arriva tel que prévu, ce 21 décembre 1988, et se déroula sans aucune saveur et tout aussi plate que les saisons précédentes. Comment festoyer quand l'aura de la maison et de tous ceux qui la composent sont habillés de tristesse?

C'était toujours aussi difficile lorsque j'allais travailler au journal. Ce que je faisais auparavant avec dextérité me paraissait à présent impossible. Les mouvements les plus simples me semblaient compliqués et je devais poser des questions pour les exécuter. J'étais inapte au travail, d'une certaine manière, mais je ne voulais pas que mes supérieurs m'incitent à prendre une période de repos. Sortir de la maison pour aller travailler, même si c'était pénible pour moi, devenait une courte délivrance de ce que je vivais quotidiennement.

Quand je me couchai ce soir du 20 avril 1989, avec pour compagne toutes ces larmes, ces pleurs, rien ne laissait présager qu'au matin du 21 avril, un monde nouveau s'offrirait à moi et qu'enfin ma descente aux enfers prendrait fin.

Lorsque je me suis éveillé ce matin-là, je me sentais léger, heureux, bien. Jamais, auparavant, je n'avais connu une telle joie, un tel bien-être, et je pris soudain conscience que je ne rêvais pas. Pauline était là à mes côtés, encore endormie.

Je serais incapable de vous décrire ce que je ressentais. Cela tient du surnaturel. Je réalisais que j'étais dans un état qui m'était jusqu'alors inconnu. Transformé, libéré, transfiguré, ressuscité, j'étais un homme nouveau. C'était cela, renaître à nouveau. J'étais divinement bien et des alléluias montaient de mon cœur en fête dans un élan de gratitude.

Cette métamorphose survenue en une seule nuit, alors que j'étais endormi, a été faite par quelqu'un. Cela n'a pu se passer fortuitement! Le seul médecin en qui j'avais mis toutes mes attentes pendant toutes ces années en devenir avait pour nom Dieu. Dieu qui guérit, qui sauve, qui libère, Dieu le Père qui se donne et partage ce qu'Il est. Un Dieu d'amour et de présence qui se manifeste constamment. Et c'est ce Dieu que j'aimerais vous faire découvrir tout au long de ce livre, par ma façon d'être, car simplement parler ne peut être que stérile.

Avant cette période noire et vide de ma vie, je dois avouer honnêtement que j'avais toujours été bien servi et gâté du point de vue matériel. Les jours coulaient au fil du temps comme le ruisseau serpentant les méandres pour se fondre dans l'immensité de l'océan, entrecoupés ici et là des hauts et des bas que la vie se plaît à nous mettre sous le nez quand on déroge de l'essentiel. Elle le fait d'ailleurs de remarquable façon. Écoutez ces petites sonnettes d'alarme qui tintent de temps à autre...

Traduisez-les par : l'insomnie, la mauvaise digestion, la perte d'appétit, les ulcères d'estomac, les crises de foie, la constipation, les maux de tête, la migraine, les dépendances de toute nature, etc., dont il nous arrive de nous plaindre ou simplement d'en être victimes.

De temps en temps, j'étais moi-même pris de ces petits malaises, mais sans plus. Je ne prenais pas toujours le temps de vérifier pourquoi cela m'arrivait, d'autant plus que je vivais en cette période d'abondance où il n'y avait pas encore de remises en question, et que la classe moyenne tombait souvent dans l'excès sans aucune retenue, se confondant même avec les mieux nantis. Quel beau spectacle que l'avoir et le paraître !

Une réponse à mes questionnements et le début d'une nouvelle vie

L'événement du 21 avril 1989 demeure et demeurera toujours le point de départ d'une nouvelle vie, totalement différente de tout ce que j'avais pu vivre auparavant. La vie d'apparat, d'apparence, cette vie du dehors, c'est, depuis ce jour, du dedans qu'elle se vit. J'en suis moi-même encore étonné après toutes ces années.

Un livre que j'aimais particulièrement était la Bible. Même dans la vingtaine, je me surprenais à la lire souvent. Le Nouveau Testament me parlait et me fascinait même si je n'arrivais pas toujours à décoder ce que je lisais. L'entretien de Jésus avec Nicodème m'a séduit dès la première fois où j'en ai fait la lecture : «Naître à nouveau» a éveillé chez moi une recherche.

Dès les premiers temps de mon mariage, je me suis posé ces questions : comment se fait-il que je n'arrive pas à vivre intensément et pourquoi mon bonheur ne fait-il qu'aller et venir ? Pourquoi ne dure-t-il pas à travers les peines et les joies, au fil du temps ? Pourtant, aux yeux de plusieurs, j'avais tout. J'étais marié avec une femme intelligente, belle, exceptionnelle, et l'arrivée de mes deux enfants aurait dû me satisfaire pleinement. Et pour en rajouter, j'avais un bon emploi, avec des avantages sociaux que beaucoup ne possédaient pas à l'époque.

Une maison et, quelques années plus tard, un chalet. Une vie bien rangée, agréable. Que demander de plus? Mais comment se fait-il qu'à travers tous ces avoirs, je n'arrivais pas à vivre pleinement? Il y avait toujours des questionnements, des points qui me chicotaient, un peu comme un petit caillou venant de nulle part, faisant irruption dans une de vos espadrilles et brisant soudain le rythme de votre marche, faisant tomber le charme, la cadence, et tout étant à recommencer.

C'est ainsi que je vivais, que j'existais. J'avais même discuté et philosophé sur le sujet avec mon frère cadet au cours d'une de ses visites au chalet. Je lui avais posé la sempiternelle question: «Et toi, es-tu heureux tout le temps?» Il m'avait répondu: «Voyons, Antoine, tu sais bien que c'est impossible!» Encore là, comment se fait-il que je n'arrivais pas à prendre ce qu'il me disait d'une manière plus rationnelle? Moi, j'en voulais plus et je me répétais qu'il devait sûrement en être autrement. Et le fameux entretien de Jésus avec Nicodème (Jean 3, 3) m'a encore fait réfléchir: «Naître à nouveau.»

Durant toutes ces années, je me suis mis en chemin, en route. Je m'interrogeais plus souvent que je n'interrogeais les autres. Je voulais vivre la plénitude, je voulais vivre l'abondance. Je ne pouvais me contenter de ces moments passagers, éphémères qui vont et viennent au rythme du vent, au rythme de nos humeurs. Je demandais ni plus ni moins l'impossible aux yeux des hommes. Mais dans mon for intérieur, une force me poussait à poursuivre ma recherche.

J'étais loin de penser que je devrais passer au feu du creuset pour connaître ce dénouement. La maladie de mon épouse et tout ce qui s'ensuivit fut si intense… Ma douleur était si vive que je me demande souvent comment j'ai pu m'en délivrer. Une chose est certaine, et c'est avec joie et gratitude que je vous le dis: jamais, au grand jamais, un être humain seul ne pourrait se sortir d'une telle impasse.

J'entends déjà les objections: «Tu n'es pas seul à avoir connu une telle épreuve et à être passé à travers!» J'en conviens! Mais n'oublions pas une chose: nous avons beau être semblables, chaque personne est néanmoins une entité unique. La souffrance de l'un n'est donc pas nécessairement celle de l'autre. Il y a tant de facteurs qui entrent en jeu. Chaque personne est une merveille créée par Dieu. Il y a, de plus, ses origines, sa culture, son environnement et sa situation personnelle. Nous sommes tous des enfants de Dieu, même dans la plus lointaine des contrées. La foi est un don et la loi naturelle déposée en chacun fait tout le reste, en respectant la liberté de tous.

La souffrance, le découragement, la tristesse, le rejet, l'abandon, la maladie, la mort sont des maux créés par l'homme depuis l'origine des temps, mais ils n'ont jamais figuré dans le plan de Dieu puisqu'Il est lui-même la source de l'Amour et donc de tous les biens. L'homme, en voulant contrecarrer cela, a créé le chaos. Vivant déjà de cette Source, il en voulut plus: être au-delà de l'interdit, devenir Celui qui est, croyant pouvoir passer de l'un à l'autre sans aucune réserve, de l'amour au mal. Et ce choix est et sera toujours là, devant nous. Voilà toute la grandeur de Dieu: Il nous laisse toujours libres d'adhérer à Son Amour, de l'accueillir ou de le rejeter. Pourquoi avons-nous la critique si facile lorsque tout ne se déroule pas à notre entière satisfaction? Et quand ce n'est pas la faute de Dieu, c'est la faute des autres. Jamais nous n'avons d'humilité quand tout va de travers.

Je n'ai jamais associé cette dure réalité à un abandon de Sa part. Le mal qui me rongeait était plutôt d'ordre intérieur. Je l'ai toujours qualifié de cancer de l'âme. Je réalisais que je subissais une épreuve de par la maladie de mon épouse et que je devais en assumer toutes les conséquences. Encore là, avec ma foi de charbonnier, j'avais la certitude qu'il n'y avait que Lui seul qui pouvait me sortir de ces ténèbres, de cette noirceur où il n'y avait plus rien qui se tenait. Toute la structure de mon être se décomposait. Je n'étais plus que l'ombre de moi-même et les choses les plus anodines prenaient des proportions gigantesques.

Pourquoi cela m'a-t-il pris tant de temps à accepter ce qui m'arrivait? Pourquoi m'aurait-Il épargné dans ma souffrance, moi qui semblais tout avoir mais qui ne possédais vraiment rien? Est-ce que mon cœur était le reflet de mon trésor? Sûrement, oui! J'étais un possessif. Je voulais tout avoir sans rien donner en retour. J'avais tout simplement un cœur de pierre. Et cette phrase qui me revenait: «Naître à nouveau.»

N'avait-Il pas envoyé son Fils pour nous apprendre à vivre dans cet amour qui transforme tout? Notre joie s'est vite dissipée dans le mépris, puisque Ses paroles nous dérangeaient. Nous l'avons vite mis au banc des accusés en le faisant mourir sur une croix. «Celui qui veut me suivre, qu'il porte sa croix.» C'est ce choix que je tardais à faire, car j'avais peur de perdre ma liberté.

Et c'est ce soir du 20 avril 1989 que j'ai remis ma volonté entre ses mains, en m'abandonnant dans un cri de désespoir, un cri *de profundis*.

Comment expliquer l'inexplicable? Non, je ne le veux surtout pas!

Ce 21 avril au matin se révéla un jour de gloire et de lumière dans un monde nouveau. Que s'est-il passé? Pourtant, tout est encore là: l'hier, avec tout son cortège de ténèbres, est devenu l'aujourd'hui de ce jour. Malgré le froid de ce matin, tout est lumière et chaleur. Je suis bien vivant. Je suis là, comme en retrait. Tout est beau, tout est différent. La vision des choses m'apparaît transformée. Tout s'est soudainement divinisé. Cet «avant» n'est plus là, tout ce mal de vivre a disparu. Une félicité indescriptible m'habite et tout mon être baigne dans la joie.

J'essaie de freiner mon enthousiasme, car je crains d'éveiller des soupçons. Je ne veux surtout pas me dévoiler aux enfants, car ils ne comprendraient rien à ce qui m'arrive. Ils me traiteraient de fou. Je voudrais crier ma joie et tout ce qui s'y rapporte à toutes ces personnes aux prises avec les mêmes tourments que moi. Tout ce que je fais est sujet aux louanges et aux actions de grâce, et je ne cesse de Lui dire merci pour cet état de grâce qui dépasse tout entendement. Je me sens, je suis habité par une présence bien vivante et agissante. Je ne suis plus seul : Il fait route avec moi. Tout ce qui me paraissait voilé se dévoile. Tout ce qui était autrefois banal et insignifiant prend une coloration, une saveur nouvelles. Même le sol que l'on foule prend une autre dimension, une autre perspective. Et toute cette création qui se renouvelle sans cesse et se révèle dorénavant différemment. Tout est de Lui et pour nous, et empreint de Son amour et de Sa gratuité. Il m'est facile d'en parler maintenant, puisque c'est cela que je vis au quotidien, dans le plus total abandon à Son amour. Il a ouvert les yeux de mon cœur et je me sens chanceux d'en parler. Qui pourrait être contre moi, s'Il est avec moi?

Avant mon épreuve, j'existais sans vivre

Veuillez excuser ce retour en arrière, mais je me dois encore de le préciser. Donc, avant que survienne cette période critique de ma vie, la vie dans sa corbeille de générosité m'avait toujours été servie sur un plateau d'argent. Voilà pourquoi, lorsque l'épreuve m'a frappé, je n'étais pas préparé à faire face à la situation. Je me trouvais confronté à la dure réalité de la vie. Je croyais bien franchir cette étape par mes propres moyens, mais les événements qui ont suivi m'ont fait comprendre qu'Antoine Carrier, même s'il se sentait beaucoup plus fin que les autres, ne passerait pas l'étape préliminaire.

Gonflé d'orgueil, je me posais parfois en juge, voulant réprimer ceux qui m'entouraient. Cela causait souvent des étincelles et des amitiés mouraient à cause de mon intransigeance. On me reprochait ce côté altier de ma personnalité et je ne faisais aucun compromis. Il m'arrivait d'être blessant, arrogant et j'en étais parfaitement conscient. Vous voyez un peu le genre !

J'allais me trouver devant un cul-de-sac, frapper mon Waterloo, comme on dit. L'homme organise tout, planifie tout, gère tout comme s'il était au centre de tout. Cela peut fonctionner un certain temps, durant lequel il passera pour un génie. L'orgueil aidant, il oubliera que tous ses succès, ses réussites ou ses échecs ne sont pas les seuls résultats de son vouloir et de sa capacité à réussir, mais qu'il y a un Être qui l'aime. Dans un geste de gratitude, il devrait remercier son Créateur, son Dieu, et plus encore lorsque l'épreuve le frappe. Mais le reconnaît-il ou feint-il seulement de le reconnaître ?

Dans les moments les plus difficiles, on ira jusqu'à dire que Dieu nous a laissés tomber. Et on cherchera à se l'approprier seulement lorsque cela va mal. Mais que fait-on de Dieu lorsque tout fonctionne à merveille ? On l'ignore et au moindre appel de détresse, on voudrait qu'Il se manifeste de façon immédiate, éclatante et spectaculaire. On voudrait s'en servir, l'apprêter comme un bien de consommation. Mais Dieu, même dans son infinie bonté, ne s'achète pas. Il faut le désirer, le rechercher, le découvrir, le connaître, l'aimer, vivre et mourir par lui. En nous choisissant, Il se donne à nous, mais encore faut-il le vouloir.

Dieu se vit

Dieu ne reste pas indifférent à celui qui le recherche et, une fois le péché avoué, Il reste fidèle à son Fils, car Il est mort une fois pour toutes pour nos péchés et le péché n'a plus d'emprise sur Lui.

Quiconque demeure en Lui ne pèche plus.
Quiconque pèche ne le voit ni le connaît.
(1 Jean ch. 3 verset 6)

Lorsque Dieu opère ce renouveau, ce remue-ménage à l'intérieur du cœur de l'homme, c'est une joie, une paix indescriptible qui survient d'une façon tellement intense qu'on a peine à s'habituer à cet état de grâce. Tout est transformé de façon radicale. Les demi-mesures meurent, et tout est vu et perçu avec un œil neuf. Il n'y a plus de place pour l'envie ni pour la convoitise. L'amour de Dieu et du prochain domine largement. La peur n'est plus une règle de conduite et tout est enfin axé sur la lumière et la vérité.

Lorsque l'occasion s'y prête, je confesse ma foi de ressuscité et je demande à Dieu qu'on me reconnaisse comme un de ses disciples.

S'il vous plaît, ne me jugez pas et ne voyez pas en moi une personne qui veut transformer et sauver le monde, sauf si c'est par ma façon d'aimer, d'agir et de servir mes frères.

Ne croyez surtout pas que je sois à l'abri de toutes les vicissitudes de la vie, mais je les vis maintenant bien différemment et je m'en remets constamment à Dieu que j'aime et que j'adore. Ma volonté n'est plus la même, elle est devenue Sienne. C'est dans ma faiblesse que je puise ma force, mon audace et ma détermination face à mes interlocuteurs, auxquels je m'efforce toujours de dire la vérité. Je parle parce que je crois!

Les tout premiers jours où j'ai vécu cette résurrection, la peur et le doute m'envahirent. Oui, sincèrement, j'avais peur. Je goûtais à peine à cette félicité et je ne voulais plus perdre cet état de grâce même si je ne comprenais pas encore complètement ce qui m'arrivait. Je Lui demandais, timidement, de rester avec moi et de m'accompagner dans tout ce que je faisais. Et les jours, les semaines et les mois passèrent... Autant le temps me paraissait une éternité auparavant, autant, à présent, il s'égrenait trop rapidement.

À travers sa maladie, la joie de vivre

Au début de juillet 1989, mon épouse côtoyait, à cause de l'aggravation de sa maladie, un monde irréel bien différent de la famille, trouvant refuge dans un Centre hospitalier de soins de longue durée (CHSLD). Cette transition temporaire, on m'avait bien fait sentir qu'elle était, pour les miens et pour moi, une période de relâche, un peu à la façon des étudiants : il s'agissait de refaire le plein pour la suite des jours. Et pour la première fois depuis quatre ans, je ferais l'école buissonnière avec mon fils.

La famille, cette fibre qui nourrit l'humanité, avait été mise à dure épreuve depuis quelque temps. Et la métamorphose subtile qui s'opérait graduellement chez mon épouse nous laissait pantois.

Deux mois déjà que je vivais cette nouvelle vie et tout me paraissait féerique. Même si sa maladie faisait partie de mon décor, je goûtais pleinement à la vie, j'en savourais tous les détails et j'avais peine à me contenir tant ma joie intérieure était grande.

Les préparatifs du voyage avec mon fils se firent rapidement et, le 30 juillet, à la fin de l'après-midi, à dix-sept heures, l'avion décolla de Mirabel et atterrit quelques heures plus tard sur les côtes floridiennes. Quel dépaysement ! Quel contraste ! Après toutes ces années d'anxiété, tout mon être participait à cette apothéose. Quel ravissement!

Pour la première fois de toute mon existence, je redécouvrais tout, et même la mer, le sable, la plage me parlaient. Comme plusieurs, un jour ou l'autre, pendant des vacances au bord de la mer, en eau salée, on se laisse séduire par l'idée qu'on pourrait flotter sur les eaux. Effectivement, j'ai succombé et j'ai tenté l'expérience. J'ai réussi. Je me laissais porter des heures entières dans cet immense bain flottant qu'est l'océan. Le matelas d'eau qui s'ajustait à la forme de mon corps me coupait littéralement du monde terrestre. Et entre ciel et terre, dans cet abandon, ce lâcher-prise, ce détachement, j'étais porté dans le ravissement le plus total, en extase. Dans les soubre-sauts des dernières vagues câlines, la mer venait me déposer sur le bord du rivage habillé de sa douce robe de sable laiteux, fait de minuscules petits grains. J'étais saoul, envoûté, habité. Et je recommençais et je recommençais... J'étais ivre de joie.

Le matin, je me surprenais à me lever très tôt pour apercevoir la première lueur du jour à l'horizon avant que s'étalent dans l'immensité de l'océan les premiers faisceaux d'or, comme une main généreuse pointant ses longs doigts dans la mer encore endormie en signe de gratitude et de reconnais-sance, annonçant à tous, dans ce perpétuel recommencement, un autre jour nouveau rempli de lumière, signe de Son amour pour chacun de nous. Je me délectais de tout, je goûtais tout, je respirais tout. Chaque seconde, chaque minute était pré-texte à rendre grâce à mon Dieu. Rien ne m'échappait et je n'avais aucun effort à faire. Je me fondais en Lui et, à cet ins-tant même, j'ai compris que la Floride ou tout autre endroit de la terre tout aussi exotique n'était qu'un prétexte et que, dorénavant, je me sentirais tout aussi heureux et tout aussi proche de Lui dans n'importe quel autre lieu physique de la planète. Il était en moi, ce Dieu, et j'étais en Lui.

Ma relation avec Lui est omniprésente et constante, et j'aimerais pouvoir décrire ce sentiment, cet état. Hélas, je m'en sens incapable et les phrases, les idées, les mots perdent leur pouvoir d'évocation devant tant d'effusion. Cela ne se décrit pas, cela se vit, tout simplement, et c'est Dieu Lui-même qui en est à l'origine.

Tout ce bonheur, ces plaisirs rendaient mon fils perplexe et songeur. Il était certes heureux de me voir dans une telle forme, mais je sentais chez lui un certain malaise. Je me suis rendu compte rapidement que je commençais à le déranger, d'une certaine manière. Dorénavant, je devrais être plus discret dans mes transports.

Les vacances se terminèrent comme elles avaient commencé, dans la joie. Après avoir goûté à cette semaine de liberté, j'entrepris dès mon retour les démarches nécessaires pour sécuriser mon épouse dans une institution. Même si elle ne vivait plus à la maison, ma fille cautionna ce choix, étant donné la dégradation constante de l'état de mon épouse. Au début de septembre 1989, Pauline quittait définitivement la maison pour n'y revenir qu'en de rares occasions.

Un phénomène inhabituel

Ce nouvel erre d'aller me donne des ailes. Au travail, mes confrères sont étonnés du changement qui s'est opéré en moi. Je n'ai plus cet air renfrogné et je parle à tout le monde. J'exécute mon travail avec facilité et rapidité. La vie est belle et agréable, et il fait bon vivre. Je me sens heureux, divinement bien.

Un jour de septembre, alors que je me dirige vers Québec, je suis à peine arrivé dans la longue courbe pour me rendre au pont de Québec que je vis une expérience vraiment hors de l'ordinaire. Bien campé dans mon auto, les deux mains sur le volant, à un endroit où l'horizon dégagé ressemble à un écran super géant, le visage du Christ m'apparaît. Il est d'une grandeur démesurée. J'ai peine à me contenir. L'émotion qui m'étreint est d'une telle intensité que j'en pleure de joie. Un visage d'une telle beauté! Saisissant, enveloppant, mystérieux et énigmatique à la fois! Ce visage m'a poursuivi longtemps, très longtemps.

Après toutes ces années, la paix, la joie et le bien-être que mon Bien-Aimé met dans mon quotidien sont pour moi une source de vie inépuisable. Ne voyez pas dans mon témoignage de la vantardise, de l'orgueil ou de l'insolence. Je vis quelque chose d'exceptionnel et ne je vois pas pourquoi je me priverais d'en parler. Tout ce qui m'arrive est l'effet de Sa grâce, j'en suis pleinement conscient.

C'est alors que j'ai senti que j'avais besoin d'un soutien en raison de tout ce que je vivais depuis près de cinq mois. J'ai songé que mon Église serait en mesure de m'aider. L'appui que je désirais ne vint que trois mois plus tard. J'espérais trouver une écoute attentive face à tout ce côté mystique.

Après m'avoir écouté durant de longues heures, le pseudo Père m'a littéralement démoli. Je m'étais présenté à lui dans l'espoir d'être rassuré, et voilà qu'il me traitait d'imposteur, de satan, de malade déséquilibré et n'avait aucune parole réconfortante.

C'est dépité et pleurant abondamment que j'ai quitté les lieux. Une toute petite chapelle était greffée à cette bâtisse, et c'est là que je me suis réfugié. Je pleurais encore lorsque j'ai senti comme une main se poser sur mon épaule pour me réconforter. Et une voix retentit dans mon cœur : « Oublie tout ça, laisse faire. Je suis là avec toi. » Un apaisement soudain m'envahit et je quittai cette oasis de paix plein de gratitude envers mon Bien-Aimé. Tout était rentré dans l'ordre.

Le besoin d'aider les autres

Comme je l'ai dit plus tôt, j'avais changé du tout au tout. De reclus que j'étais, je sentais le besoin de me rapprocher des gens, de leur parler. Ainsi, toute cette souffrance que j'avais vécue ne serait pas vaine.

Désormais, j'étais animé du désir d'aider mon prochain. C'est ainsi que je me suis retrouvé une fin de semaine à suivre d'une façon intensive une formation en relation d'aide. J'ai aimé l'expérience et tout m'a semblé facile. À cet instant même, j'ai eu la certitude que je pourrais aider les autres, justement parce que j'avais surmonté une épreuve. De la même manière, le Christ, lorsqu'Il est venu parmi les siens, a-t-Il dû en tout point se faire semblable à ses frères. Puisqu'Il a lui-même traversé l'épreuve, Il est en mesure de porter secours à ceux qui sont éprouvés. N'a-t-Il pas ajouté, lorsqu'Il était à former et à enseigner à ses disciples, «Qui vous accueille m'accueille»? Voilà pourquoi notre «je» doit être centré sur sa personne et sur notre prochain. «Chaque fois que vous venez en aide à quelqu'un, c'est à Moi que vous le faites.»

Oui, maintenant, je serai en mesure d'aider les autres sans mesure. Je serai à leur écoute, je serai leur confident. Je ne me lasserai pas de les laisser parler dans le plus grand respect, sans les juger. J'ai vite passé à l'action et chaque fois qu'on faisait appel à moi, je répondais avec empressement. J'étais conscient que je n'étais qu'un simple intermédiaire et, même si les résultats me semblaient évidents, je n'ai jamais pris à mon compte le succès de ces interventions. Je rendais tout simplement grâce à Dieu pour les merveilles qu'Il opérait dans le cœur et le mieux-être de ces personnes.

C'est pour cette raison que je suis en mesure d'affirmer que la «relation d'aide» doit se faire dans un don gratuit de sa personne. Je ne vois pas bien comment on pourrait exiger une rémunération pour un tel service. N'en déplaise à certains, je dis que les résultats, les vrais résultats ne seraient pas aussi probants dans ce cas. Quand je vois des pseudo-thérapeutes s'afficher à grands frais publicitaires, et affirmer qu'ils peuvent aider ou guérir pratiquement toutes les maladies et tous les maux, j'ai le goût de vomir. Instinctivement, je pense à toutes ces personnes vulnérables, fragiles émotivement et psychologiquement qui mettent toutes leurs attentes dans ces redresseurs de situations. Certaines y trouveront une amélioration, mais plusieurs en sortiront déçues ou même démolies. Et à quel prix! Un cours pour ci, un cours pour ça... Et les gens s'y laisseront prendre jusqu'à ce que leur meilleur ami leur propose un autre gourou du même acabit...

«Donnez et on vous donnera: c'est une bonne mesure, tassée, secouée, débordante qu'on vous versera dans le pan de votre vêtement, car c'est la mesure dont vous vous servez qui servira aussi de mesure pour vous.» (Luc 6, 38) Ce besoin d'aider les autres se manifestait de différentes façons, si bien qu'un jour je me suis retrouvé à la prison provinciale d'Orsainville, en banlieue de Québec. Un jeune autochtone que j'avais connu quelques semaines plus tôt et qui s'adonnait à la boisson et à la drogue était arrêté et incarcéré pour vol d'automobile et détournement d'argent. Coupé depuis longtemps de la présence de ses parents, qui demeuraient dans une réserve assez loin de Québec, il avait en définitive été laissé à lui-même. Sans hésitation, j'entrepris des démarches pour lui rendre visite.

Je croyais qu'un simple coup de téléphone suffirait pour le rencontrer. Mais dans un tel cas, il faut vraiment montrer patte blanche et faire inscrire ses nom, âge, adresse, lien de parenté sur une liste d'invités. On n'a pas le choix; si on ne procède pas de cette façon, on ne peut espérer voir la personne concernée. Aussi, tant que cette personne incarcérée ne manifeste pas le désir de nous voir, eh bien, c'est inutile. Toute cette paperasse administrative simplement parce que l'on manifeste le désir d'aider quelqu'un qui a justement besoin d'encouragement et de soutien moral! Personnellement, j'ai trouvé l'exercice aberrant. J'ai tout de même fini, après quelques jours, par le rencontrer.

Croit-on vraiment régler toutes les difficultés de ces gens en les mettant au ban de la société? Ce jeune avait à peine 18 ans. Heureusement, son passage à la prison a été de courte durée. On s'est téléphoné à quelques reprises par la suite. J'ai vite cerné son malaise, mais il n'était pas encore prêt à faire un bout de chemin intérieur. Même avec la meilleure intention d'aider l'autre, la relation d'aide exige de la personne aidée qu'elle ait la volonté de s'en sortir. Et c'est elle qui détient la réponse à cette question. On peut berner, tricher l'aidant, mais on ne peut se mentir impunément.

Il ne faudrait pas vous imaginer que je créais des situations dans lesquelles je me retrouvais malgré moi. J'aimerais vous parler de cette fois où, en revenant de mon travail de nuit, je décidai, chemin faisant, de modifier le trajet de mon retour à la maison. Je venais à peine de m'engager sur le boulevard Champlain, direction ouest, que je vois une auto immobilisée, à moitié sur le terre-plein central et à moitié sur la voie de gauche. Une centaine de pieds plus loin, du côté droit, une autre auto est arrêtée. Je suis le premier à constater qu'il s'agit certainement d'un accident. Je vois une femme atterrée, en état de choc. Elle pleure. Elle ne semble pas blessée. J'ai peine à le croire, tellement l'auto est sens dessus dessous. Tant bien que mal, en attendant l'auto-patrouille de la police que j'ai fait demander avec l'aide d'un autre automobiliste, j'essaie de la réconforter et lui dis quelle chance elle a eue de s'en tirer d'une façon quasi miraculeuse. Aussitôt un policier sur les lieux, l'automobile stationnée est disparue dans la brume. Après les constatations d'usage, j'apprends que la femme demeure à l'extérieur de Québec. Le patrouilleur n'ayant même pas offert de la reconduire chez elle, en bon samaritain, je lui ai proposé de venir dormir chez moi, étant donné l'heure tardive. Après hésitation, elle accepte. Quelle ne fut pas la surprise de mon fils le matin, lorsqu'il la vit en train de déjeuner!

Alors que nous nous dirigions dans Lotbinière, où elle demeurait, elle me raconta qu'elle était une ancienne prostituée, maintenant bien rangée, qu'elle avait deux enfants et qu'elle vivait de l'aide sociale. Dans les jours qui suivirent, elle me téléphona pour me dire que la compagnie d'assurances ne lui avait donné presque rien comme compensation pour la perte de son auto. Je la rassurai en lui disant que je m'occuperais de ce détail. Effectivement, après négociation, j'obtins le double du montant qu'on lui avait proposé la première fois. Je la dépannai ensuite à plusieurs reprises, puis je tournai la page en lui donnant un panier de provisions pour les enfants pour Noël. Tout cela parce qu'un soir, en revenant de mon travail, j'avais décidé de modifier le trajet de mon retour à la maison…

Mon implication s'est aussi fait sentir dans une perspective beaucoup plus large. Par exemple, je me suis donné à fond pour la cause de la montagne du Massif du Sud, dans Bellechasse, car c'était, au tout début, un mouvement coopératif. Les gens du milieu avaient mis beaucoup d'efforts à promouvoir cette station touristique quatre saisons, en donnant de leurs sous et, surtout, en faisant beaucoup de bénévolat. J'ai eu leur cause à cœur et c'est pour cela que je les ai appuyés, pour mettre en évidence cette merveille que représentait la Montagne du Midi. Malheureusement, une mauvaise planification a mis la station touristique en difficulté de paiement, ce qui l'a forcée à déclarer faillite un peu plus tard. Après son rachat par des investisseurs du milieu et une restructuration de l'entreprise, le Massif du Sud continue de faire la joie des skieurs, tant de la région que de l'extérieur. La première fois que j'ai vu cette montagne, j'en suis tombé amoureux. J'y voyais un potentiel énorme, mille et un trésors à exploiter.

Une amitié qui persiste

Au fil de toutes ces activités où je me suis fait de nombreux amis, je souhaitais bien rencontrer une oreille attentive qui se ferait complice de la joie et des expériences extraordinaires que je vivais depuis avril 1989.

Mais ce n'était pas si simple. Comment trouver cette perle rare qui serait à la fois attentive, compréhensive, réservée, effacée, discrète, sensible et, dans une certaine mesure, désintéressée? Car je n'étais pas tout à fait libre. En effet, je n'étais pas en instance de séparation ou de divorce; mon épouse était atteinte d'une maladie dégénérative, sans espoir de guérison, et confinée depuis peu dans un centre de soins de longue durée. Vous conviendrez avec moi que l'allure de mon parcours n'était pas très rassurante... Et comme le diraient sans doute les tenants de la pensée positive, j'avais semé dans mon subconscient les ingrédients nécessaires pour faire germer les prémices d'une récolte que je devais attendre. À la différence de ce que la nature nous dévoile, ce n'est pas au printemps que j'ai vu pointer les premières pousses de cette semence. À la suite d'un téléphone, un ami m'a proposé de faire la connaissance d'une personne qui pourrait peut-être répondre à mes attentes.

Par un dimanche de la mi-janvier 1990 où le froid vous traverse de part en part et où le vent et la neige s'étaient donné rendez-vous, je me présentais au rendez-vous. Chemin faisant, mon imagination échafaudait toutes sortes de scénarios alors que je me devais de m'accommoder d'une route sinueuse qui m'était totalement étrangère, parsemée de longues lames de neige durcies par le vent. J'eus presque envie de rebrousser chemin. L'inconnu, ou plutôt cette inconnue, me faisait déjà peur. Et si je me trompais? J'avais donné ma parole. Je devais donc affronter la situation.

À la manière d'un étudiant maladroit (j'avais pourtant 54 ans), je cognai mon poing sur le rebord de la porte. À ce moment, j'ignorais pourquoi mon cœur battait plus rapidement. «Mais qu'est-ce que je fais là?», me disais-je. Il faisait déjà noir depuis un certain temps. Il était près de 18 h 30. La porte s'ouvrit et je la vis devant moi. Je me présentai, et elle fit sûrement de même. C'est que, dans ces moments-là, il y a toujours un peu de confusion et on ne sait plus ce qui est blanc ou noir.

À travers son regard en apparence froid, distant, elle esquissa un léger sourire. Cela me rassura, mais sans plus. Le salon faisait corps avec la cuisine. C'est dans cette pièce que nous restâmes. Cela me paraissait étrange d'être avec elle sur ce divan. Il y avait longtemps que je n'avais pas goûté à ce ravissement des yeux de voir une femme bien mise et qui sentait bon.

Que lui dis-je alors pour qu'elle me trouve intéressant? J'aime mieux l'avoir oublié. Nous n'étions pas totalement nous-mêmes, j'en suis certain et, malgré une certaine assurance que j'avais, je me sentais quelque peu gêné avec elle. C'était sûrement de bon augure, sans quoi je risquais de ne jamais la revoir. Au moment de partir, à la fin de la soirée, je lui ai simplement promis que je la rappellerais. Mais j'ignorais quand.

Même si je lui avais quelque peu parlé de ce avec quoi je me débattais dans la vie, je ne me sentais pas trop rassuré. Je devais être extrêmement prudent pour que l'un et l'autre nous n'ayons pas à souffrir des attentes de l'autre. De mon côté, mon ménage intérieur sur les principes et l'éducation religieuse dans lesquels j'avais baigné au cours de toutes ces années n'était pas tout à fait terminé. La roue ne s'arrêtait pas de tourner parce que Pauline était malade. Justement, cette vie, je devais la vivre pleinement, et je la désirais heureuse.

Une fois de plus, j'ai demandé à Dieu qu'Il m'accorde le discernement et la sagesse, et qu'Il me libère totalement de mes craintes et de mes fausses peurs, pour que ne subsiste en moi aucun remords, aucun arrière-goût de culpabilité. Je voulais vivre cette nouvelle vie qui m'était offerte dans la plus grande plénitude et la sérénité. Je voulais y mordre à belles dents et en savourer chaque seconde, chaque moment.

L'hiver se déroula merveilleusement. Je pratiquais le ski de fond d'une façon presque compétitive avec moi-même. J'étais en possession de tous mes moyens et, par surcroît, dans une forme splendide. Le travail se déroulait de façon détendue et j'étais divinement bien dans tout ce que j'entreprenais. À travers ce quotidien qui voguait allègrement, je visitais régulièrement Pauline au foyer et j'essayais de lui rendre agréable cette vie qui l'avait fait sombrer dans un monde irréel où je n'avais pas accès.

L'été arriva et je n'avais pas encore donné de nouvelles à ma nouvelle connaissance. La maladie de Pauline m'avait fait oublier que j'avais un chalet sur le bord d'un lac et qu'il n'était pas terminé. Je décidai alors de me mettre à la tâche et j'eus le désir de renouer avec elle. En juillet, les travaux étaient terminés et c'est le samedi 4 août, soit environ sept mois après notre première rencontre dans le froid, que l'on se revit.

En pleine nature, tout est complice à l'envoûtement. C'était une de ces soirées où le temps n'a aucune importance... Il n'y avait plus d'équivoque entre nous deux : le temps, l'implacable temps, venait de sceller notre amitié, et encore plus.

Rencontre après rencontre, chacun se redécouvrait à sa manière. Ces éternelles soirées qu'on voulait ne pas voir se terminer se passaient à la lueur des bougies, bercées par la musique classique. Quelle volupté ! Nous nous complétions admirablement bien, et le goût de nous rencontrer les fins de semaine nous faisait paraître interminables les longues journées qui nous en séparaient. Les soupers romantiques du samedi soir se prolongeaient à des heures indues, tout autant que nos sorties dans la nature où nous nous plaisions à sentir ces parfums aux exquises fragrances venant de nulle part, qu'on humait le temps d'une respiration et qu'on regrettait de ne pouvoir garder plus longtemps.

Quelle sensation de bien-être, aussi, lorsque le vent doux et chaud caresse le visage pendant que vous dévalez une pente à bicyclette ! Et toutes ces perceptions de nature physique dont l'homme peut jouir s'il apprend à se mettre à leur écoute et s'il en prend simplement le temps ! Pour goûter à toutes ces joies anodines qui peuvent sembler enfantines, pour redécouvrir son cœur d'enfant, on doit être bien avec son Créateur, avec soi-même et avec son prochain. C'est une recette infaillible pour se libérer d'un quotidien qui semble de plus en plus lourd à bien des gens.

Arriva le début de l'année 1991, où le ski de fond reprit tous ses droits mais, cette fois-ci, en duo. Il est agréable d'avoir une partenaire qui s'adonne aux activités sportives dans le but avoué d'aller à la rencontre du dépassement. C'est stimulant et cela exige une bonne dose de discipline et de rigueur. C'est le corps tout entier qui en retire les dividendes sur tous les plans. Un simple rappel aux personnes intéressées !

Cet été-là, nous avions planifié des vacances aux îles de la Madeleine avec des amis. J'avais toujours désiré visiter les

Îles, mais cela ne s'était jamais concrétisé. Évidemment, ce lieu n'est pas nécessairement recommandé à ceux qui aiment les cafés-terrasses de la Grande-Allée, à Québec, ou les boutiques de la rue Sainte-Catherine, à Montréal ! Cependant, les amants de la nature y sont comblés, car c'est vraiment un endroit de prédilection. On peut s'y balader des heures durant à vélo, et c'est ce que nous fîmes. Il y a aussi des kilomètres et des kilomètres de plage, de sable qu'on peut fouler à volonté, soit l'équivalent de la distance Québec-Montréal. L'air salin et le vent du large s'unissent pour mieux nous faire goûter l'air frais qui débarrasse nos poumons de toutes les toxines qui polluent notre vie intérieure. Et que dire de ces montagnes de sable rouge brique durcies par le temps, qui semblent s'effriter lorsqu'on s'y frotte, et de ces couchers de soleil qui se terminent comme un jeté de lit que l'on viendrait déposer sur la mer à la fin d'une journée enivrante dans les Îles ?

C'est un perpétuel mariage qui se vit entre la mer et le ciel, et le fil de l'horizon vient clore cette union qui ne cesse de se dévoiler. La traversée à partir de Souris (Île-du-Prince-Édouard) à Cap-aux-Meules, à l'entrée des Îles, d'une durée d'environ cinq heures, donne l'impression justement que l'on se dirige vers une destination inconnue, hors du Québec.

Il faut voir les Îles au moins une fois dans sa vie. Par leur beauté, elles s'ajouteront à l'album de nos souvenirs les plus vivaces.

La plénitude et la sérénité dans laquelle je baignais étaient toujours miennes et j'en rendais grâce à Dieu constamment. Tout ces moments d'extase privilégiés faisaient dorénavant partie de mon lot quotidien et j'en étais pleinement satisfait.

Encore aujourd'hui, le temps n'a plus d'emprise pour moi, sauf qu'il me file entre les doigts trop rapidement. Mes journées sont trop courtes pour que je puisse tout faire, et tout repose dans la paix et la joie intérieures. Quel ravissement! Quel émerveillement!

Ma relation avec Pauline malade, d'une part, avec tout ce que je faisais pour elle, et ma relation avec mon amie, d'autre part, se conciliaient sans difficulté. Étant très critique envers moi-même et envers les autres, je n'aurais pas pu, même si je l'avais voulu, porter de multiples masques. La conscience reste et restera toujours le meilleur baromètre de l'agir de l'homme. On ne peut se mentir impunément et, comme l'eau est un miroir pour le visage, le cœur est un miroir pour l'homme.

Les visites au foyer

Entre-temps, je continuais à aider les autres et à être à leur écoute, et je prenais le temps de rendre visite à Pauline chaque semaine. Elle ne pouvait plus marcher depuis un certain temps, je la promenais donc dans un fauteuil spécialement aménagé pour elle. Le soleil et une bonne dose d'air frais venaient compenser pour toutes ces longues journées passées à l'intérieur, où l'air n'était pas toujours vivifiant ni empreint de fraîcheur et de pureté, quoique la propreté des lieux dans lesquels se trouvait la partie physique de son être était irréprochable.

Quant à la conversation, elle se faisait toujours à sens unique. Non qu'elle n'aurait pas préféré me parler, bien au contraire. Pour toutes celles et tous ceux qui l'ont connue, elle rayonnait en paroles et en gestes, mais encore là, son cerveau était devenu incapable de traduire et d'exécuter ces commandes qui nous semblent si simples et qui règlent le réflexe, le désir, la volonté de le faire.

C'est dans des situations semblables que l'on se rend compte de la grandeur, de la fragilité et de la complexité du cerveau humain. Ces mille et un gestes quotidiens que nous exécutons à tort ou à raison nous dévoilent le divin qui nous anime sans que nous puissions un instant nous l'approprier. Nous n'avons aucun pouvoir de changer quoi que ce soit dans ce tableau de bord qu'est notre cerveau. Chez un être dépourvu d'orgueil, la foi prend tout son envol pour crier intérieurement à Dieu toute sa gratitude et sa reconnaissance pour ce don de la vie et de la merveille constituée que nous sommes.

Je dois dire qu'un élément ne faisait jamais défaut lorsqu'on surprenait Pauline dans sa chambre. Son éternel sourire et ses yeux vifs laissaient deviner bien plus qu'une conversation, qui aurait été dénuée de tout sens et de toute logique. Pauline ne parlait plus, certes, mais son regard nous suivait amoureusement, inlassablement, accompagné d'une mimique toujours expressive.

Ses voyages se limitaient à passer de son lit à son fauteuil, et vice-versa, ou dans la grande salle près de l'entrée, où tous étaient alignés dans des chaises berçantes à se remémorer des souvenirs d'antan. Qu'il est triste de vieillir lorsqu'une partie de soi-même s'est éteinte ! À chacune de mes visites, je prenais conscience que son univers se rétrécissait de plus en plus pendant que nous, quelque part, bien portants, nous avions des récriminations contre les sautes d'humeur d'un collègue de travail, un temps inclément ou un gros lot qui nous ignorait.

Nous décidâmes, les enfants et moi, de rendre visite à leur mère individuellement. De cette façon, elle profiterait d'une attention plus soutenue de notre part en ce qui a trait à divers soins qu'on lui prodiguait, comme de lui donner des bains chauds thérapeutiques qui demandaient une attention particulière et délicate, car elle avait les os comme du verre. Il ne fallait exécuter aucun mouvement brusque, puisque ses jambes et ses bras ne répondaient plus à aucune commande. Elle restait recroquevillée dans la position d'un fœtus. De plus, c'est à l'aide d'une seringue qu'on l'alimentait, car la nourriture solide était pour elle une chose du passé depuis longtemps.

Selon mon horaire de travail, j'avais opté pour la journée du vendredi. Le facteur de l'éloignement qui nous séparait d'elle était assez important pour que nous en tenions compte dans nos déplacements. Notre désir de la voir plus souvent se heurtait à cet élément indésirable, hors de notre contrôle. Cependant, nous savions que le personnel du foyer n'avait pas toujours le temps de lui accorder tous les soins dont elle avait besoin.

La gerbe de roses rouges

Un vendredi matin de la fin de juin 1992, je circulais sur la route 132 ouest, en direction du foyer, lorsqu'il se produisit, au moment où je traversais l'extrémité du village de Saint-Antoine-de-Tilly, un phénomène que je n'hésiterais pas à qualifier de spectaculaire et même d'extraordinaire.

Dans cette portion de la route à trajectoire rectiligne, je roulais à une vitesse normale, malgré le vent et une pluie d'été. Ma voie était complètement dégagée et aucune automobile ne roulait en sens inverse.

Soudain, en face du 4344, Marie-Victorin (je l'ai noté par la suite), il tomba devant l'auto ce qui me parut être une tache rouge de sang. Cela arriva si vite, j'eus à peine le temps de regarder dans le rétroviseur que j'étais déjà loin de l'objet et donc incapable de l'identifier. Mon réflexe fut de trouver une entrée et de faire demi-tour pour voir ce qui en était. Je revins sur la gauche, en sens inverse, et rendu près de l'endroit taché de rouge, je fis à nouveau demi-tour.

Je descendis de l'auto, et quelle ne fut pas ma surprise de voir sur l'asphalte mouillé une gerbe de roses rouges. Je m'empressai de les ramasser, craignant qu'une auto survienne, ne me voie pas et que je sois victime d'un accident dont j'aurais été la cause.

Les roses étaient gorgées de pluie lorsque je les déposai à ma droite sur le plancher de l'auto. J'ignore si c'est à cause de la pluie, mais le parfum qu'elles dégageaient était hors de l'ordinaire. Chose curieuse, je ne comptai pas le nombre de roses qui composaient ce bouquet. La deuxième réflexion qui traversa mon esprit était simplement que je les offrirais à Pauline. Et, curieusement, nous étions à moins d'une semaine de son anniversaire.

Maintenant, chaque fois que je passe à cet endroit, je ne peux que me rappeler ce phénomène. Je n'ai jamais su et je ne saurai jamais d'où provenaient ces roses et à qui elles étaient destinées. Bizarre aussi qu'aucune automobile ne soit passée durant tout le temps que j'étais l'heureux témoin de ce signe. La route 132 n'est tout de même pas une route secondaire...

En ce qui me concerne, il y a longtemps que j'ai tiré mes conclusions à propos de ce cadeau venu droit du ciel, même s'il se trouvera toujours quelqu'un pour donner une autre explication à cet événement peu banal.

Ne dire que la vérité, même si cela dérange

Depuis que j'ai entrepris l'écriture de ce livre et à chaque occasion où je m'applique pour que vous en poursuiviez votre lecture, je prie instamment Dieu de m'assister dans ce travail afin qu'il soit véridique, que je n'y ajoute pas d'artifices et encore moins que je le romance pour chercher à plaire. Il s'agit de m'en tenir simplement aux faits que j'ai vécus durant cette période de ma vie.

J'en trace toutefois les grandes lignes sans chercher à omettre les détails qui peuvent s'avérer troublants, dérangeants, choquants pour les lecteurs. Certaines personnes préfèrent la vérité qu'elles veulent bien entendre, celle qui sécurise, apaise, et non celle sans fard, toute nue, celle dont on dit qu'elle n'est pas toujours bonne à dire, justement, parce qu'elle suscite des questions.

Ce 31 décembre 1992, tandis que chacun parmi nous s'apprêtait à célébrer la Saint-Sylvestre en dressant le bilan de ce qu'avait été cette année, somme toute, comme les autres, nous ne voyions pas trop d'éléments précurseurs qui annonçaient la venue d'un monde meilleur.

Si, pendant cette diversion que fut le référendum, on espérait nous faire oublier les vrais problèmes, il n'en demeure pas moins qu'ils étaient toujours là : chômage, récession, fermeture d'usines ou mises à pied donnaient lieu, pour plusieurs, à une dure réalité. Je me souviens bien de cet épisode, alors que les jeunes terminant leurs études secondaires, collégiales et même universitaires ne réussissaient que rarement à décrocher un emploi décent.

En raison de tous les «gros problèmes» qui nous préoccupent, il devient parfois difficile de penser en fonction de la collectivité. Les bien nantis ne veulent surtout pas savoir que leur prochain peut souffrir ou subir des situations d'inégalité au quotidien.

On quittait donc cette année sans trop de pincements au cœur, en espérant et en souhaitant une fois de plus que la nouvelle année, au seuil de ses promesses, serait peut-être la bonne. Même la neige, habituellement généreuse en cette période, se montrait discrète. Elle ne faisait que s'adapter à la morosité de tout ce qui nous entourait au Québec.

Un incident qui aurait pu tourner au drame

Avant que débute l'été, je suis monté au chalet pour en préparer l'ouverture. Je fus contraint de creuser une tranchée d'environ quatre mètres de longueur, à la recherche d'une valve d'eau défectueuse dont je ne trouvais plus l'emplacement. Le terrain sur lequel j'effectuais ce travail étant au même niveau que le lac, vous comprendrez que le fossé se remplissait facilement d'eau.

Un de mes amis me prêta une pompe de puisard pour me dépanner. Pour une raison quelconque, elle cessa de fonctionner. Oubliant un instant qu'elle était branchée, je descendis dans le trou les bottes aux pieds, vêtu d'un maillot de bain. L'eau m'atteignait facilement à la ceinture et même un peu plus. C'est alors que je saisis la pompe et la secouai vigoureusement. Je reçus une décharge électrique qui fut sans conséquence. Mais je peux vous dire que je sortis de la tranchée comme une balle! Je débranchai la pompe et, cette fois-ci, la mis dans le lac. Le temps de la rebrancher et de revenir, donc de franchir une quinzaine de mètres, je constatai qu'elle ne fonctionnait pas; elle était sûrement brisée, et il y avait, tout autour, une dizaine de poissons sur le dos, morts.

C'est à ce moment-là que j'ai pris conscience que je venais de frôler la mort, une mort atroce. Les poissons, eux, n'avaient fait que frôler l'appareil, qui ne présentait rien de dangereux à première vue. Sauf que derrière cet élément surprise, une mort instantanée attendait ceux qui s'en approchaient.

Encore une fois, aucun témoin pour corroborer ces faits : seul mon témoignage fait état de la gratitude et de la reconnaissance que je rendis au Seigneur ce jour-là.

L'accident de la scie mécanique

Rassurez-vous, j'ai trouvé la valve d'eau après plusieurs journées de labeur, et j'étais très content de m'en être sorti de façon aussi miraculeuse.

À peine trois semaines plus tard, je travaillais chez moi à couper des billots de bois de quatre pieds pour faire du bois de chauffage. Depuis le temps que je me servais d'une scie à chaîne en amateur, j'étais conscient que c'était un outil de travail dangereux, et je craignais donc de le manipuler. Maintes fois, j'avais lu dans les journaux que des hommes d'expérience avaient eu de fâcheux accidents qui les avaient rendus impotents ou handicapés.

Soudain, le bout de la lame s'est arrêtée une fraction de seconde en touchant une bille. L'effet de ressac qui se produisit à cet instant devint incontrôlable, et la scie pouvait prendre n'importe quelle direction. Dans mon cas, sous la force de l'impact, elle s'est braquée d'un seul trait à bout de bras au-dessus de ma tête. Au moment où elle accentuait sa descente, c'est au poignet droit qu'elle m'atteignit pour y faire gicler un jet de sang de la grandeur d'une main, puis continua sa course vers l'avant-bras. Elle venait de finir son cycle infernal. C'est seulement à cet instant que je pus reprendre le contrôle de la scie et la déposer par terre. Tout s'était passé si vite. J'avais du sang partout et, dans l'inquiétude, mon imaginaire m'en fit voir de toutes les couleurs.

J'eus le réflexe de saisir une serviette que j'avais pris soin de sortir avant de commencer mon travail, car l'humidité était telle cette journée-là qu'on sentait le besoin constant de s'éponger le visage. Je m'en couvris le bras et me dirigeai chez mon voisin pour qu'il me conduise à l'hôpital, heureusement situé tout près. Même assis dans l'auto, je sentais mes jambes fléchir. Mon bras accidenté tout rouge, passé par la fenêtre et tenu vers le haut, à la verticale, était traversé par un feu brûlant qui me dévorait.

Durant ce court trajet qui semblait s'éterniser, mon esprit s'amusait à m'entraîner dans les pires scénarios. Cependant, mon cœur se montrait plus fort, habité d'une foi à toute épreuve malgré le choc.

Un vaccin pour déjouer le tétanos et, après deux heures d'attente soutenue, toujours avec ce feu qui se consumait dans mon bras, voilà que le médecin (fort gentille, d'ailleurs), me précisait, tout en pansant ma blessure, que j'étais passé à un cheveu de rester impotent, étant donné sa profondeur et son étendue (5 cm × 13 cm), dans ces régions névralgiques où siègent de nombreux tendons et ligaments qui unissent les os aux articulations. Elle ajouta que j'aurais à subir une greffe de peau au niveau de l'avant-bras. Je quittai l'hôpital avec une ordonnance de médicaments que je n'ai jamais été chercher et je suis retourné à la maison le bras enrubanné de pansement, pour préparer mon souper dans la plus grande quiétude.

Une fois de plus, je constatai que je l'avais échappé belle et je vis là quelque chose de providentiel. Je n'ai pas perdu une seule journée de travail à cause de cet accident, même si je devais régulièrement me présenter à l'hôpital pour refaire le pansement. Et, quelle chance! je n'eus pas à subir de greffe de la peau. Petit à petit, la nature, Dieu, dans Sa grande bien-veillance, corrigea et répara la blessure que je m'étais infligée.

C'est dans tous ces incidents de parcours que je puisais mes forces. Et puis je ne me sentais plus seul. J'étais animé du désir de poursuivre mon apostolat en aidant les autres quoi qu'il arrive.

Alors que j'étais à peine remis de mes émotions, la mala-die de Pauline s'aggrava et l'institution jugea bon de la transfé-rer à l'hôpital Laval. Son cas était devenu trop lourd et exigeait encore plus d'attention et de soins.

La petite maison

Comme je vous l'ai déjà révélé, ma façon de voir, de penser et de vivre avait changé radicalement depuis un matin d'avril 1989. Je ne demandais pas mieux que de partager ma foi et ma joie de vivre avec ces personnes tiraillées dans un quotidien qui ne leur donne parfois aucune raison de vivre.

Pouvais-je trouver meilleur endroit pour faire ce travail que la petite maison ? Elle m'a tellement fasciné que je l'ai vite surnommée la petite maison. Elle représente pour moi un vrai sanctuaire, et l'idée que je m'en fais suscite encore chez moi, après toutes ces années, le même engouement, le même ravissement que lorsqu'elle se dévoila à mes yeux la toute première fois. Vers la mi-mai 1993, je me préparais à en prendre possession.

Je l'avais découverte en faisant du vélo par une journée d'automne 1992. C'était un de ces dimanches où la nature se maquille d'une féerie de couleurs pour nous inviter à la fête, pour mieux s'offrir avant de se dépouiller de sa parure, de se montrer nue et de s'endormir pour un repos bien mérité. Elle m'apparut à la sortie d'une courbe où le paysage se dévoilait comme une immense fresque. À l'instant même, une osmose s'opéra. Elle baignait dans la lumière et dégageait une aura de quiétude, de paix et de solitude. Vous savez, ce genre d'émotions et de sensations indescriptibles ! Je me sentais à la fois près et loin d'elle. J'aurais voulu l'emprisonner et la faire disparaître pour la soustraire aux regards indiscrets de ceux qui auraient voulu la toucher, la posséder, l'habiter, y vivre, quoi.

Sans que je puisse la visiter, dans ma tête, elle était déjà mienne sans que je comprenne trop pourquoi. Je n'en avais nullement besoin dans l'immédiat, vu tout ce que j'avais déjà !

Elle est plus qu'un toit, cette petite maison, elle est animée, chaleureuse, dépouillée. Elle vit et dort au rythme du quotidien. Elle demeure l'expression vivante de ce qui l'entoure, et son cachet vieillot la rend attachante, unique dans un décor où la nature généreuse se plaît à dévoiler ses formes en s'habillant de ses plus beaux atours.

Une vue magnifique va mourir sur les Appalaches en dessinant un long ruban qui se perd à l'horizon, dissimulant des maisons et des bâtiments de ferme. Ici, on se laisse bercer par la beauté qui se décrit d'elle-même en découvrant ces longs arbres effilés comme des aiguilles et ces conifères majestueux arrivés à maturité, qui ne cessent d'étirer leurs longs bras frêles vers le ciel, en perpétuels mouvements d'action de grâce.

Le tout s'enchaîne et forme un ensemble indissoluble dans ce milieu ambiant qui ne cesse de nous parler par leur beauté. Même l'oreille se fait attentive à la douce musique que l'eau laisse échapper dans sa hâte de se frayer un chemin à travers les roches, de couler en cascades sur les obstacles ou d'arpenter le boisé, face au chemin, dans l'espoir de trouver le ruisseau qui la fera grandir et se fondre dans l'immensité. Je n'ai pas non plus à garder dans une volière les oiseaux qui me grisent de leur gazouillement. Ils sont libres et viennent davantage près de la petite maison l'hiver, car la table est toujours bien garnie. J'aime entendre le froufrou que fait le battement de leurs ailes. Leur présence s'en trouve amplifiée.

Marie-Claude Carrier, 1993.
Aspect original de «La petite maison»
lors de son acquisition.
Aquarelle sur papier blanc

Cette recherche de l'absolu qui m'a toujours hanté, ce besoin du divin qu'on cherche en vain à combler, trouve tout son sens lorsque je vous raconte cette relation qui m'unit à Dieu, en Lui donnant toute la place et la dimension qui Lui revient. Tous les jours, je Lui demande qu'Il m'instruise de Son amour, de Sa bonté, de Sa miséricorde pour que je puisse me réaliser dans l'humilité et la sagesse.

La croix de chemin

Il est certain que pouvoir écrire dans un décor champêtre contribue à rehausser la couleur de l'écriture. Comment pourrait-il en être autrement, alors que tous les éléments se sont donné rendez-vous ici pour me faire vivre des moments d'une telle intensité?

Inscription: Notre Père.
Photographie de la croix du chemin prise en janvier 1994.

Sans vouloir lui enlever toute la notoriété qu'il avait acquise avant que je vienne l'habiter, ce bout de rang était dépouillé d'une pièce maîtresse pour justifier ses titres de noblesse. La croix de chemin était absente, et cela me désolait. Comment pouvait-on voir tant de splendeur sans Lui témoigner de signe de reconnaissance et de gratitude? J'eus l'idée d'en ériger une pour qu'en la voyant notre cœur se souvienne de ce que l'un de ses disciples Lui demanda un jour: «Seigneur, apprends-moi à prier.» Et Jésus de lui répondre: «Quand vous priez, dites: "Notre Père."»

À partir d'un cèdre que j'ai pris sur le terrain du chalet au lac, je l'ai fait faire dans un tout petit moulin artisanal.

Ensuite, ne trouvant personne pour donner vie à l'inscription que je voulais y voir gravée, j'ai dû m'improviser sculpteur pour les besoins de la cause.

Je voulais cette croix sobre, dépouillée de tout artifice. Modestement, je crois bien y avoir réussi. Il n'y a qu'une inscription qui se veut à la fois une affirmation, une attestation de ma foi traduite dans un élan du cœur : «Notre Père», symbolisée tout au bas par des mains jointes tendues vers le haut, en un geste d'offrande.

Le ciel d'automne a quelque chose de bien particulier pour celui qui s'attarde à le scruter attentivement. Les couleurs sont beaucoup plus vives qu'à l'habitude, et les nuages cotonneux, bien découpés, semblent si proches qu'on serait tenté de s'y cacher.

Vous avez sans doute remarqué que les nuages, dans leur course, à l'approche du soleil, se colorent des teintes de l'arc-en-ciel et sont d'une beauté que je ne pourrais décrire. Chaque fois, c'est l'étonnement : je les contemple, je m'émerveille et ce que j'y découvre est si fantastique que j'ai peine à me détacher de mon exaltation. Pour ma part, le mélange des couleurs pastel du vert et du bleu me fascine et m'envoûte.

C'est dans cet état d'esprit et de corps que je me retrouvais en ce lundi ensoleillé et froid du 25 octobre pour ériger la croix de chemin. Depuis une quinzaine de jours, durant les fins de semaine, à l'huile de bras , comme on dit, je m'étais appliqué à en préparer l'emplacement, à la limite du terrain en bordure du chemin. Si, un jour, vous découvrez ce bout de rang Sainte-Marie, n'oubliez surtout pas, en passant devant la croix, de la saluer en laissant monter de votre cœur la plus belle des prières : «Notre Père. »

Le 2 novembre

J'avais prévu depuis longtemps de prendre une semaine de vacances dans cette période de l'année, le temps de m'accorder une pause avant de faire le saut dans l'hiver qui approchait, d'autant plus que se ferait, le dimanche 31 octobre, la bénédiction de la croix de chemin.

À partir du moment où je pris la décision d'ériger la croix, au tout début de l'été, je ne peux expliquer pourquoi, je sus que Pauline décéderait avant la fin de l'année. Tous les jours, sauf la semaine de l'érection de la croix, je lui rendais visite juste avant d'aller à mon travail, à la fin de l'après-midi. Chaque fois que j'arrivais dans la chambre, elle trouvait encore la force de me sourire ; c'était sa façon à elle de me dire bonjour.

Après la cérémonie de la bénédiction de la croix, empreinte d'une très grande simplicité et où aucun membre de ma famille n'était présent, j'invitai les quelques dizaines de personnes qui s'étaient jointes à moi à venir se réchauffer et à prendre une collation dans la petite maison. Une excellente occasion de partager, de fraterniser et de mieux se connaître. À la fin de cette journée mémorable, déjà loin derrière, le soleil faible et frileux avait tiré sa révérence, nous laissant une fois de plus une photo à placer dans l'album de souvenirs, et je repartis en ville. À peine avais-je mis le pied dans la maison que la sonnerie du téléphone se fit entendre. C'était la voix de mon fils, pas rassurante du tout, me décrivant une détérioration subite de l'état de sa mère. Il était inquiet au point de songer à venir me tirer de ma retraite. Dans l'ordre voulu des choses ou pas, c'est précisément à la fin de la journée du 25, lorsque j'avais terminé de poser la croix, que son état avait empiré de façon dramatique, aux dires de mon fils.

Le lundi 1er novembre, fête de tous les saints, c'est sous une neige abondante accompagnée de vents violents que j'allai en toute hâte à l'hôpital Laval. L'atmosphère dans laquelle se déroula cette visite était très éprouvante, et je n'oublierai jamais ce rendez-vous avec la mort, qui avait déjà commencé à envahir la chambre. Le médecin traitant me fit comprendre qu'elle en était à ses dernières heures et ne pouvait s'expliquer où elle pouvait encore puiser la force de ce souffle de vie, qui ne tenait qu'à un fil. Comme si, dans un dernier geste de reconnaissance pour toutes ces visites impromptues à toute heure au cours des derniers mois, elle s'attardait à retenir un mince filet de vie pour que je puisse la voir une dernière fois.

En l'espace d'une semaine, la scène était devenue insupportable et, sensible comme je le suis, je me retrouvais là, fin seul, dans cette chambre mortuaire à peine éclairée, face à son âme qui se détachait lentement de ce corps devenu méconnaissable, si décharné qu'il en était squelettique.

Incrédule, abasourdi, consterné, j'étais pris par les émotions qui m'envahissaient de toutes parts. C'était l'explosion, l'éclatement, les pleurs, un total laisser-aller. Tous ces états étaient teintés d'un mélange de tristesse, de peine, de souffrance et de solitude qui fait malgré soi descendre au plus profond de soi-même sans pour autant trouver la réponse à cette question de la vie, si la foi est absente. Même si cela peut paraître cruel, ce temps de réflexion, cette pause devant cet imbroglio que représente la mort devrait être vu comme un moment privilégié ou comme une rencontre heureuse, qui donne l'occasion de comprendre que, pour traverser sur l'autre rive, il y a cette finitude de notre corps mortel pour pénétrer éternelle-ment dans cette communion d'esprit de l'Autre, l'Innommé, puisqu'on ne peut à la fois le voir et le vivre ici-bas.

Notre vie éternelle à venir se traduira par notre capacité de vivre cette vie terrestre à l'exemple de son enseignement, en l'accueillant ou en le rejetant. C'est peut-être pour cette rai-son que plusieurs personnes ne décrochent pas après le décès d'un être cher. Pourquoi cette tristesse à n'en plus finir, au point de se rendre malade? A-t-on vraiment compris le mes-sage du Christ? Pourquoi, dans la même foulée, devrions-nous nous inquiéter pour ceux ou celles qui sont partis? Ce n'est plus de notre ressort. Laissez donc vos morts à vos morts ter-restres, et vous, continuez à vivre dans l'espérance d'une vie éternelle. Je trouve ce message rassurant, et c'est dans cet esprit de foi que j'ai laissé partir Pauline vivre dans une communion pleine de vie, remplie de lumière et d'amour. C'est un peu cette situation à laquelle nous sommes confrontés un jour ou l'autre, face au départ d'un être cher. Même si les enfants et moi avions déjà, d'une manière ou d'une autre, accepté de vivre avec le fait qu'une partie d'elle-même était déjà morte, il n'en demeure pas moins que l'état de choc fut tout aussi grand lorsque cela arriva, comme pour ceux qui vivent un tel événement sans avoir pu s'y préparer.

Le lendemain, le 2 novembre, lorsque la nuit commençait à peine à prendre forme, Pauline s'est éteinte dans une aura de lumière étincelante, rayonnante.

Son départ venait de briser définitivement cette union après toutes ces années d'engagement. Soudain, voilà que le film d'archives de cette partie de ma vie se déroulait tout d'un trait, à une vitesse vertigineuse, sans aucune place pour aucune pause. Impossible d'arrêter le visionnement!

Et la vie continue : une retraite à bâtir

Sans posséder la science infuse, ma vision des choses a bien changé depuis avril 1989, et je remercie le Seigneur d'avoir été la source de cette rencontre. Je peux maintenant vous affirmer cette certitude : si vous croyez pouvoir vous réaliser dans la vie sans l'aide de Dieu, le monde n'a pas fini de vous étonner. Vous ne serez certainement pas ses témoins, mais vous en serez témoin.

La maison de Charny était devenue beaucoup trop grande, surtout après le départ de mon fils. Mais je ne voulais pas m'en départir tout de suite. Aussitôt la semaine de travail terminée, je la quittais pour la petite maison, où tranquillement j'avais commencé à travailler le terrain puisque tout était en friche. Il n'y avait que l'emplacement de la croix qui avait de l'allure. Je n'avais aucune idée de ce que je ferais de ce grand terrain.

Arriva le début de l'année 1994. La direction du journal commençait à parler de préretraite et le plus gros départ de l'effectif se ferait le 1er janvier 1995. On voulait se restructurer, car on jugeait qu'il y avait trop de personnel dans la boîte. Et c'était vrai ! J'accueillis cette nouvelle avec enthousiasme. Enfin je pourrais me réaliser en faisant autre chose que mon travail de tous les jours ! Pourtant, ce n'est pas que je n'aimais pas ce que je faisais, bien au contraire, car il n'y a rien de plus stimulant que de travailler dans un journal, où l'effet de l'adrénaline atteint son sommet à l'heure de tombée, où tout se joue.

Enfin, me disais-je, je pourrais vivre à plein temps dans ce lieu en retrait où tout m'enchantait. Au départ, je prévoyais aménager ce coin de terre dans le but avoué d'y avoir une petite fermette, avec une vache, quelques cochons, des poules, des lapins, un chien golden et un très grand jardin. C'était ça, pour moi, le plan de retraite, liberté 58, lorsque je l'évoquais.

Lorsque j'arrivai ici le 1er janvier 1995, j'avais fait suivre dans mes bagages une enseigne de style parchemin, où j'avais fait inscrire «Accueil, Écoute, Aide» et que j'installai au bord du chemin, sur un poteau. Je pensais que les gens prendraient la maison d'assaut, mais les choses ne se passèrent pas ainsi. En fait, rares sont les gens qui se présentèrent chez moi à cette époque. Dieu avait d'autres desseins, que j'ignorais et que j'allais découvrir tout au long de ce processus de transformation qui se prolongeait.

Là, j'ai vraiment vécu à Son rythme et non au mien. J'ai vraiment connu ce que c'était la vie érémitique. Je n'avais pas le téléphone à cette époque et j'étais donc coupé du monde, en quelque sorte. Je sortais peu et mes journées se passaient dans la lecture de *La Bible*, des écrits de grands mystiques, comme Jean de la Croix, Thérèse d'Avila et saint François d'Assise. Je me retrouvais à travers eux. Les épîtres de saint Paul m'interpellaient au plus profond de moi-même et plusieurs de ses écrits, je les fais miens à présent, depuis que je les vis. La méditation et la contemplation occupaient aussi une grande place dans mes occupations. Même si mes amis s'inquiétaient de ma vie de reclus et d'ascète, jamais je ne me suis demandé ce que je pouvais bien faire dans le fond du rang Sainte-Marie, à Saint-Léon-de-Standon.

Tous les jours, je remerciais Dieu de m'avoir gratifié d'autant de faveurs, de grâces et de bien-être. Mes journées baignaient dans Sa présence de tous les instants. Je n'avais besoin de rien et je ne me sentais pas seul puisqu'Il était avec moi et en moi. Tout me parlait de Lui et était sujet à offrande et action de grâces. Je n'avais jamais connu une telle félicité. Pendant les longues soirées d'automne et d'hiver, je me plaisais à Lui révéler l'amour que j'avais pour Lui en le traduisant dans chacune de mes respirations. Je mangeais à la lueur d'une bougie et c'est en Sa présence que je le faisais. Je n'ai aucune réserve et aucune retenue à vous raconter tout ce que je vécus à cette époque et qui fait toujours mes délices après toutes ces années. Un tel amour ne s'explique pas mais il se vit, se goûte, se ressent, faisant corps avec tout l'être.

De plus, je n'ai qu'un cœur d'enfant pour vous raconter tout cela et ma naïveté ne pourra que me rendre plus insignifiant et peu crédible aux yeux de certains. Recevez ce témoignage même s'il vous paraît idiot et jugez-moi si tel est votre plaisir. Je l'aime, un point, c'est tout!

Un cadeau inattendu

Je venais donc de passer ce premier hiver dans l'euphorie la plus complète. Arriva le printemps et, dans un de mes voyages hebdomadaires à Charny pour ramasser le courrier, il y avait un avis de lettre en recommandé à quérir au bureau de poste. L'entête de cette lettre datée du 9 mai 1995 portait la mention «Le signet magique : Association nationale des éditeurs de livres, Montréal (Québec)». Voici son contenu.

Objet : «Le signet magique»

Monsieur Carrier,

Nous vous avons fait parvenir par poste prioritaire le premier mai dernier une lettre officielle du concours «Le signet magique», dans lequel nous vous informions que vous êtes gagnant de l'un des grands prix de ce concours, soit une voiture Golf GL 1995 de Volkswagen.

Il était mentionné que vous devez communiquer avec nous en téléphonant au numéro... pour réclamer votre prix.

À ce jour, nous n'avons pas reçu votre appel. Nous sommes donc dans l'obligation de déterminer que vous avez trente jours à compter d'aujourd'hui, soit jusqu'au 8 juin, pour communiquer avec nous, sinon votre prix sera annulé et nous devrons procéder au tirage d'un autre bulletin de participation pour ce prix.

Nous espérons que nous aurons de vos nouvelles d'ici là.

Signé : xxxxx

Coordonnatrice....

J'avais pris connaissance de cette lettre sans trop y porter attention. On y faisait mention que j'avais gagné une auto, mais j'étais certain que c'était une attrape, comme cela arrive souvent dans ce genre de concours où il est dit : « Débourse tel montant d'argent pour avoir droit à ton prix. »

La lettre du 9 mai était en recommandé vu que je n'avais pas donné suite à la première. Pour vous aider à voir clair dans tout cela, je dois mentionner que lors d'un de mes déplacements à Lévis, le 24 mars 1995, je m'étais rendu à la librairie Garneau des Galeries Chagnon. En feuilletant des livres dans la section « Spiritualité », je m'étais attardé à celui de John Main intitulé *Un mot dans le silence, un mot pour méditer,* aux Éditions Le Jour. Le livre m'intéressait et lorsque j'étais à la caisse pour le payer, la préposée m'avait remis un coupon à remplir dans le cadre d'un concours où il y avait de nombreux prix à gagner, dont une voiture de l'année. Cette promotion était organisée sous l'égide de l'Association nationale des éditeurs du Québec.

Comme je n'avais pas beaucoup de temps, je lui dis que je remplirais le coupon à la maison et l'enverrais à l'endroit indiqué. C'est donc dans la petite maison que je le remplis.

Imaginez ma surprise lorsque j'ai pris connaissance de cette deuxième lettre m'indiquant que j'étais le grand gagnant de ce concours. Mes amis me taquinèrent beaucoup à ce propos, prétextant que j'avais sûrement les moyens de me payer une voiture.

Je tenais à souligner ce fait, car il m'est arrivé beaucoup d'événements, ces dernières années, qui m'ont émerveillé. J'y vois une occasion de plus d'exprimer toute ma gratitude pour les nombreux bienfaits que j'ai reçus de part et d'autre.

Un jardin en devenir

Lorsque le printemps arriva, cette année-là, j'eus l'idée, en m'approchant de la croix, de faire un jardin de fleurs. Encore une fois, ce serait sous Son inspiration que tout se réaliserait. Il me suffisait d'avoir le cœur, la force, la santé et des outils les plus communs pour me mettre à l'œuvre. Dorénavant, tout se ferait à son rythme et chaque jour, je me mettrais à la tâche, je Lui demanderais de mettre un peu d'originalité dans mon travail.

Un contemplatif dans l'action, oui, mais dépourvu d'imagination. J'avais un plaisir presque sensuel à jouer dans la terre avec mes mains nues. J'avais alors de grands moments d'exaltation à Lui dire tout le bien-être que je ressentais d'être avec Lui.

Une chose qu'Il me fit très vite comprendre, c'est que je ne devais pas insister quand je me heurterais à un obstacle majeur : des roches immenses, impossibles à déplacer. L'idée était de composer avec elles, de les mettre en valeur pour rendre le coup d'œil agréable. Voilà pourquoi aucune artillerie lourde n'a violé l'espace aménagé. Saison après saison, j'avais une bonne idée de ce que deviendrait le jardin, et cela me plaisait !

Le terrain dévalant en cascade se révélait de plus en plus à moi. Que je le contemple à partir du haut, du milieu, du bas ou de n'importe quel côté, j'avais un coup de cœur. Face au mini-potager, du côté nord, tout en bas se révélait «la merveille», une montagne mythique que je baptisai rapidement l'Éternel, en raison de la dimension spirituelle qui m'habite: l'Éternel est ma demeure, mon refuge, mon rocher, mon tout.

Le départ définitif de Charny pour l'arrière-pays

Je m'étais donné pour objectif de passer quelques hivers à la campagne, éloigné des miens, avant de décider quoi que ce soit au sujet de la maison que j'avais à Charny. Après avoir passé le test de ces deux hivers aux allures monastiques sans que j'en sorte déprimé ou désœuvré, je pris la décision, à l'arrivée du printemps 1996, que c'était ici dorénavant, à la petite maison, que je coulerais des jours heureux si telle était la volonté de Dieu. J'étais bien dans cet environnement et ma solitude habitée m'amenait à m'épanouir au-delà de mes attentes.

Le seul irritant que j'eus à subir durant cette période était ce voyage hebdomadaire à Charny pour ramasser le courrier et faire le tour de la maison afin de vérifier si elle n'avait pas été la cible de gens en mal de sensations fortes. Puis je revenais immédiatement.

Encore là, les choses se passaient bien, sans aucun problème. En quittant les lieux, je Lui demandais de veiller sur la maison tout en Lui confiant tout ça. Il m'arriva à quelques reprises, en revenant la semaine suivante, de constater que j'avais oublié de la verrouiller.

Pour demeurer ici, dans le rang Sainte-Marie, il me fallait agrandir la petite maison puisqu'elle n'avait pas de salle de bain. Elle souffrait d'un manque de commodités pour être acceptable, même dans l'optique de la simplicité volontaire. D'ailleurs, je dors encore dans le même lit étroit qui était ici au tout début.

Pendant les travaux de l'ajout, je plaçai une affiche «maison à vendre» dans la fenêtre du salon à Charny. N'ayant toujours pas le téléphone, j'y avais inscrit le numéro de ma fille, qui demeurait à Cap-Rouge à l'époque. Toujours aussi confiant, je n'avais pas jugé bon de confier la vente de la maison à un agent immobilier. Vous devinerez sans doute qui, dans les circonstances, était le meilleur courtier pour vendre rapidement la maison !

L'affiche était posée depuis à peine une semaine que les intéressés se manifestaient sur le répondeur de ma fille. Tout énervée, elle vint me voir la fin de semaine pour m'annoncer que des gens voulaient la visiter.

En peu de temps, la vente fut conclue et j'en profitai pour me dépouiller, dans le vrai sens du mot. Je laissai presque tout derrière moi. En quittant la maison de Charny, c'est comme si j'étais entré en religion. Je tournais définitivement la page à une vie qui n'était plus mienne, pour une nouvelle qui serait dorénavant consacrée au service des autres. Intérieurement, je sentais cet appel depuis un certain temps sans trop vouloir me l'avouer.

Mon voyage au Maroc, un dépaysement total

Après avoir complété les travaux d'agrandissement de la petite maison, qui répondaient à des besoins criants, je sentis la nécessité de refaire mes forces, et ma fille me suggéra donc d'aller visiter le Maroc, comme elle-même l'avait fait l'année précédente.

La période choisie s'étalait du 22 octobre au 2 novembre et, selon les informations reçues à l'agence de voyages, c'était la saison idéale sur le plan du climat. De fait, il fit très beau. De plus, ce que je découvris dans ce circuit appelé « Tournée des villes impériales et séjour au bord de la mer à Agadir » dépassa largement mes attentes. Je ne pouvais en demander davantage.

Je connaissais le Maroc pour l'avoir étudié dans le cours de géographie à l'école, et plusieurs noms de grandes villes, comme Casablanca, où l'acteur américain Humphrey Bogart avait tourné un film, m'avaient toujours séduit. Que dire aussi de Rabat, de Marrakech, de Fès, de Meknès, villes dotées d'un aspect moyenâgeux, biblique même? Ces noms prenaient dans ma tête les couleurs de contes des mille et une nuits. Ce pays fascinant, coiffé de montagnes du Moyen et du Haut Atlas, séparant le Maroc oriental du Maroc atlantique, est d'une beauté divine, saisissante, qui vous transporte et vous élève bien au-delà du temps présent.

La beauté me fascine au point où je pourrais faire de la contemplation une occupation quotidienne. Et ce qui rend la beauté encore plus envoûtante, c'est qu'elle est trop floue, trop gracieuse, trop vaporeuse, trop grande pour que l'on puisse en saisir toute la dimension. On ne peut s'en approprier qu'une parcelle, car elle est trop divine. On ne peut la retenir parce qu'elle nous dépasse et ne se donne qu'à petites doses. C'est un peu comme la grâce qui nous envahit ; nous pourrions défaillir, car on ne peut Le voir et vivre à la fois.

C'est tout cela qui attise en moi ce feu d'admiration, de reconnaissance, de gratitude, d'actions de grâce envers mon Bien-Aimé, qui a tout créé pour que nous entrions dans Sa joie et Sa plénitude de tous les instants.

En quelque lieu où je me trouve, Son visage, Ses empreintes me suivent. Débordant de joie, spontanément, pour des raisons que j'ignore, un flot de louanges, de gratitude ininterrompu monte sans cesse de mon cœur.

Le psalmiste a bien traduit ces états d'âme montant du cœur de l'homme lorsque celui-ci dit : «Je bénirai le Seigneur en tout temps, sa louange sans cesse sur mes lèvres. Les cieux racontent la gloire de Dieu, le firmament proclame l'œuvre de Ses mains. Le jour en prodigue au jour le récit, la nuit en donne connaissance à la nuit. Ce n'est pas un récit, il n'y a pas de mots, leur voix ne s'entend pas. Leur harmonie éclate sur toute la terre et leur passage (langage) jusqu'au bout du monde.» (Ps 18.2-5 +)

Il n'y a rien à ajouter à cela, sinon que mon cœur s'enflamme à nouveau et recommence.

Mais laissons là le côté mystique de mon refuge intérieur et poursuivons ce voyage au Maroc. Je voudrais partager avec vous une page de mon journal, écrite le jeudi 24 octobre 1996.

« Visite de la ville de Casablanca ce matin. L'endroit qui m'a le plus impressionné est sans contredit la magnifique mosquée construite par le roi actuel Hasan II. Un ouvrage tout récent qui remonte au début des années 1990. L'architecture y est vraiment impressionnante avec comme premier coup d'œil cette immense place tout en marbre blanc et qui a pour arrière scène le bleu de la mer qui vous invite à y marcher. Fascinant! Éblouissant! Ensorcelant! Hypnotisant! Par la suite, direction Rabat, où le roi a une résidence, comme dans toutes les villes impériales d'ailleurs. Et ce qui retient toujours mon regard et mon attention, c'est le décor merveilleux des endroits où les arbres, les palmiers, les arbustes et les fleurs écarlates (bougain-villées) forment un ensemble qui se marie si bien avec les bâti-ments tout blancs. Un pays rempli d'histoire et de contrastes, comme on a pu le constater en circulant dans la casbah datant de 1194. Je suis toujours impressionné, dans ce pays islamique, par l'appel de la prière, qui se fait cinq fois par jour. Les souks, ces marchés couverts dans les médinas, les vieilles villes, sont de véritables labyrinthes où on peut se perdre très facilement. Marrakech, avec ses charmeurs de serpents sur l'immense place publique et ses habitants coiffés de leur turban, semblant sor-tir de très, très loin. »

Au cours de ce voyage, j'ai même quitté le groupe pour aller goûter l'hospitalité d'une famille marocaine. L'huile d'olive tient une grande place dans la préparation de bien des repas, et je n'étais pas habitué à cela. Il faut avoir le cœur solide pour manger de cette façon! On m'a fait cadeau d'un caftan, une longue tunique de couleur blanc crème cousue à la main. On m'a dit que c'était assez rare qu'on en remette un à un étran-ger. Ceux vendus dans les magasins n'ont pas cette qualité et sont plus colorés. Ainsi a pris fin mon voyage dans ce pays fascinant, qui aura été le premier et le dernier que j'aurai fait. Après ce dépaysement qui m'avait séduit, la piqûre des escapades aurait pu me poursuivre. Eh bien non !

Un soir, au Maroc, alors que j'étais à admirer la lune démesurément pleine, si proche qu'elle me donnait l'illusion que j'aurais pu la saisir en m'étirant la main, soudain un sentiment de gratitude et d'admiration monta de mon cœur, m'apportant la réflexion que cette splendeur lumineuse était la même que je contemplais dans mon petit coin de planète dans le rang Sainte-Marie, à Saint-Léon, à des milliers de kilomètres de là. Ce détail peut vous sembler insignifiant, sans importance, mais il ne le fut pas pour moi. Devant cet attrait, mon âme exulte. Lorsqu'on se met à y réfléchir un peu plus longuement, on se rend compte à quel point l'homme est poussière, infiniment petit dans l'immensité du cosmos qui l'accueille avec déférence malgré tous ses travers.

Ma méditation s'est poursuivie dans la prise de conscience qu'on ne peut tout voir et tout visiter, et qu'à ce compte-là il n'y a que les personnes privilégiées qui peuvent se permettre toutes ces fantaisies. Qu'en est-il de la personne sans ressources ? Faut-il la laisser là dans la plus totale indifférence ou l'amener dans la voie de l'espérance, là où il y a beaucoup mieux à attendre ?

Puisant à la Source de ma source, Il me fit comprendre que l'homme se perdait dans une multitude d'artifices, d'appâts, de surprises qui ne mènent nulle part ou si peu loin !

À peine le besoin d'une chose – appelons-les activités de toutes sortes, voyages, auto, gros lot – est-il comblé que l'envie, l'appétit d'en obtenir une autre naît de façon continuelle, ininterrompue.

Alors pourquoi ce va-et-vient si notre faim n'est jamais assouvie, notre soif jamais complètement étanchée ? L'homme demeurera un éternel insatisfait tant qu'il ne sera pas délivré, libéré de tout ce fatras matériel qui le fait déchoir tout au long de sa vie, tant que l'effet de la grâce ne l'a pas atteint. D'où l'urgence de prendre le chemin sans en connaître à l'avance le dénouement.

Tout est Lumière,
Tout est présence de mon Bien-Aimé !
Tout me réjouit !
Quel Tout Autre pourrait me combler ?

Un autre incident de parcours

J'étais toujours à pied d'œuvre dans ce jardin qui captivait toutes mes énergies et mes attentions. De temps en temps, graduellement, on s'aventurait pour venir voir ce qui se passait et pour m'interroger sur le pourquoi de mon enseigne, «Accueil, Écoute, Aide».

Je ne crois pas que tout ce travail à la dure ait été la cause de ce qui m'arriva le 4 juillet 1998, lorsque je fus terrassé par un infarctus du myocarde. J'aurais pu y laisser ma peau, aux dires des médecins. Durant mon transport à l'hôpital de Saint-Georges, pendant qu'on déployait tout l'arsenal pour me prodiguer les soins de première ligne, je remerciai Dieu de m'avoir envoyé cette épreuve. J'y vis là un appel à aider les autres.

Arrivé en toute hâte à l'urgence, au sous-sol, j'en ai perdu un bout, comme on dit. J'ai failli passer sur l'Autre Rive et me retrouver en face de Celui qui a dirigé le trafic de ma vie depuis toutes ces années.

Je n'ai pas vu de tunnel. J'étais plutôt dans un endroit verdoyant, luxuriant, tropical, baigné en son centre d'une lumière si vive, presque insoutenable. Du jamais vu! Le vent était d'une telle impétuosité, il brassait tellement que c'est lui qui m'a ramené à moi en me faisant prendre conscience que j'étais encore allongé sur une civière et dirigé rapidement ailleurs.

J'étais à peine installé dans mon lit et branché à tous ces appareils de contrôle qu'une autre urgence attendait le personnel infirmier. Étant conscient de tout ce qui se déroulait autour de moi, j'entends alors qu'on se prépare à accueillir une jeune fille dans la vingtaine, perdue, ayant fait une *overdose* de médicaments en voulant mettre fin à ses jours. On tente tout pour la ranimer, mais pendant que l'équipe médicale s'affaire à essayer de la sortir de cette impasse, voilà que soudain je ressens comme de violents coups de poignard dans la région du cœur. Ce n'est qu'après, lorsque je me suis rendu compte qu'elle était hors de danger, que j'ai sonné pour que l'on vienne à mon chevet. Les infirmières ne m'ont pas trouvé drôle du tout lorsque je leur ai dit candidement que c'était la jeune fille qui avait eu besoin de plus d'attention à ce moment-là. Encore là, je ne voyais rien d'anormal dans mon comportement. J'étais tellement en confiance ! Je m'abandonnais entièrement à Lui.

Pendant mon hospitalisation – j'ai passé sept jours aux soins intensifs –, j'ai même été à l'écoute de personnes qui vivaient des situations matrimoniales difficiles. Jamais je ne me suis inquiété de ce qui pourrait m'arriver après mon retour à la maison. Ce dernier fut de courte durée puisque le lendemain, je revenais à l'hôpital à cause de vives douleurs que je ressentais encore dans la région du cœur. Cette fois-ci, on diagnostiqua une péricardite, soit une inflammation du péricarde, communément appelé l'enveloppe du cœur.

On décida donc de me faire monter à l'étage pour y poursuivre d'autres observations et traitements. Ce n'est que le mercredi 15 juillet que j'eus enfin mon congé de l'hôpital, après de multiples mises en garde pour les mois à venir.

Quelques jours plus tard, je me surprenais en faisant le sarclage dans les plates-bandes de fleurs. Je me sentais bien et j'étais incapable de rester à ne rien faire. J'étais donc dans l'abandon le plus total et je faisais toujours autant confiance à

Mon Père du ciel. Je ne connaissais aucune anxiété, et la peur de rechuter ne me venait même pas à l'esprit. À peine une quinzaine de jours après cet incident de parcours et je reprenais mes activités comme si rien n'était.

C'était vraiment la toute première fois que je prenais contact avec la maladie, et cela me fit réfléchir. Le milieu infirmier vivait des heures difficiles à cette époque et on sabrait allègrement dans le personnel. Ces personnes-là font un travail remarquable et je leur en sais gré. C'est vraiment elles, par leur dévouement, qui portent à bout de bras le système de santé du Québec.

Perdu/trouvé

J'avais beau aimer vivre dans le rang Sainte-Marie depuis trois ans déjà, j'avais l'impression, certains jours, que je tournais en rond, que je faisais du surplace. Pourtant, ce n'est pas le travail qui manquait puisque je travaillais jusqu'à la barre du jour.

L'enseigne accrochée au bord du chemin ne faisait pas en sorte que mes attentes soient comblées, et les gens à aider se faisaient rares. Je pris conscience, enfin, que c'était toujours les mêmes personnes qui circulaient dans le rang et qu'elles n'avaient pas besoin de ce soutien.

Alors allume, Antoine!

L'hebdo régional était bien coté et son rayonnement atteignait plusieurs municipalités de Bellechasse-Etchemin. Le service d'aide que je proposais étant gratuit, je ne voulais pas d'une publicité trop onéreuse. C'est alors que je songeai au service des petites annonces, sous la rubrique 603, Perdu/trouvé.

J'emploie donc ce moyen pour m'adresser aux gens depuis trois ou quatre ans, dans les périodes plus critiques de l'automne et de l'hiver, alors qu'une partie de la population est plus fragile aux humeurs du temps pour toutes sortes de raisons.

Au moment où une personne entreprend une telle démarche, elle peut être perdue, mais, si elle veut bien faire certains efforts pour s'en sortir, elle pourra se trouver un jour. Cette façon de procéder semble pour le moment satisfaire les besoins de ceux qui l'utilisent.

Cette année, j'ai modifié la teneur de mon message ; en voici le contenu : « Découragement, tristesse, moments difficiles à vivre. Dans ton anonymat, se savoir écouté, sans être jugé, peut être le début de ta libération. C'est gratuit, 642-2723. »

Pour faciliter la démarche de la personne qui téléphone, je ne lui demande que son prénom, sans savoir de quel endroit elle le fait. De plus, pour la rassurer, je veux qu'elle sache que je n'ai qu'un simple téléphone, sans afficheur ni boîte vocale, et que je suis toujours disponible.

J'avais commencé à faire de la relation d'aide et de l'écoute téléphonique bien avant d'arriver ici, à Saint-Léon. J'ai reçu beaucoup de Lui, c'est à moi maintenant de partager et de faire goûter aux autres cette Parole qui me fait vivre. Voilà une des raisons pour lesquelles je cherche à aider mes frères et mes sœurs à la recherche d'une Vie en abondance, autre que la vie insignifiante, sans saveur et plate, même durant les partys. Plusieurs personnes ressentent le besoin de se raconter, d'évacuer des choses refoulées qui les font souffrir. J'ai reçu les confidences pathétiques de nombreuses personnes, certaines au bord du suicide. Des gens qui tombent malades à cause de leur angoisse, de leur anxiété, de leur violence, etc. Nous avons tous cette mission d'aider les autres et, bien souvent, parce que cela dérange notre confort, nous passons notre chemin sous prétexte que nous n'avons pas les compétences pour les accompagner. Il est si facile de jeter la pierre, de juger, de condamner. Mais pour se donner aux autres, faut-il encore s'aimer ! Tout se fait à partir du cœur, là où se trouve notre trésor.

J'ignore si c'est parce que j'ai déjà plongé dans le bain de la souffrance, mais je ressens toujours de l'empathie lorsque je suis en face d'une personne déchirée intérieurement. Il n'y a pas de pilules pour ça! Je l'écoute respectueusement tout en sachant qu'elle possède toutes les ressources pour s'en sortir. Ce n'est pas un fardeau pour moi de la soutenir, puisque je ne travaille jamais seul. L'Esprit saint accomplit des choses merveilleuses dans ce genre de situation, et je reçois de nombreux témoignages attestant de telles métamorphoses. Quelquefois, lorsqu'ils me rappellent, les gens me disent être étonnés des changements qui se sont opérés en eux. C'est cette prise de conscience que je veux les amener à faire et qui me pousse à vouloir les aider dans cette recherche. Malheureusement, peu persistent; la plupart n'ont pas cette volonté de poursuivre leur ascension jusqu'au sommet, alors qu'il y aurait tant à voir et à découvrir!

La retraite ou l'art d'être soi-même

Je me demande encore pourquoi on a appelé retraite la dernière période de la vie. Le dictionnaire *Petit Larousse* de 2001 dit : « Retraite, action de se retirer de la vie active ; état de quelqu'un qui a cessé ses activités professionnelles. »

À mon humble avis, c'est la période où le travail que l'on fait n'est plus rémunéré par un employeur quelconque, selon les lois du travail en vigueur. Mais on est loin de se mettre les pieds sur la bavette du poêle ! Il faut être de plus en plus imaginatif, donc plus actif. Car ce n'est pas toute la population active au travail qui peut espérer recevoir une rente lorsqu'il y a cessation d'emploi ou mise à la retraite. Beaucoup de travailleurs autonomes n'ont pas cette possibilité s'ils n'ont pas prévu le coup.

C'est peut-être la raison pour laquelle j'ai toujours eu beaucoup d'admiration pour les producteurs agricoles. Ces gens-là sont d'une débrouillardise étonnante. Ils ne sont jamais pris au dépourvu, sont capables de tout faire avec un rien, et leurs neurones sont constamment sollicités. Je demeure convaincu qu'ils ne prennent jamais leur retraite dans le sens où les économistes l'ont définie à partir de leur chaire de savoir.

La personne qui hier était active et impliquée le sera tout autant demain et ne fera rien de ce qu'elle ne faisait pas la veille. Contrairement à certains de mes confrères de travail, je n'ai pas vécu cette période de transition, qui peut parfois durer quelques années, lorsque j'ai eu mon nouveau statut. En ce qui me concerne, la coupure aurait pu être dramatique : laisser du jour au lendemain un travail que j'aimais, quitter la banlieue où la vie était tout de même animée, avec toutes ses propositions et tous ses divertissements. En plus, je m'éloignais de ma famille, de mes amis et de mes connaissances. Tout ça pour arriver en plein hiver dans un rang, le rang Sainte-Marie à Saint-Léon-de-Standon. Doit-on dire que c'est l'appel qui faisait table rase de tout cela ?

Quand on y pense, on comprend bien pourquoi tant de gens se sentent perdus lorsque arrive cette réalité. Ils sont si bien encadrés au travail qu'ils n'ont pratiquement plus aucune marge de manœuvre. On les prive, en quelque sorte, de leur créativité. Songeons au travail effectué sur une chaîne de montage, où l'on perd toute sa motivation. Donc, quand sonne la retraite, pour un certain nombre de gens, c'est une délivrance. Ils disent oui à cette fuite en avant parce que c'est la seule façon de se sortir d'un tel environnement. N'étant pas ou peu préparés, ils se terrent chez eux ou errent un peu partout comme des âmes en peine. Ce phénomène, on l'observe beaucoup en ville, dans les centres commerciaux.

D'autres y trouveront leur profit en faisant des voyages, en jouant au golf, en jardinant. D'autres encore approfondiront leur passion et se réaliseront dans la peinture, la sculpture ou la musique. La liste est longue ! Chacun y va selon ses goûts. Comme vous le voyez, la retraite peut être une période fertile en projets de toutes sortes, car on a le temps de se donner le temps.

Pour les gens ayant peu de ressources, la porte est tout aussi grande ouverte. Le bénévolat, qui peut prendre toutes sortes de formes, est un apport économique incalculable pour notre société. Il a meilleur goût lorsqu'il est accompli sans les lumières des projecteurs, dans le pur don de soi et sans espoir d'y trouver quoi que ce soit. Ainsi, ces gens sont parfois plus efficaces que certains organismes gouvernementaux, et je tiens à les remercier du fond du cœur.

Laissez-moi ouvrir une parenthèse sur une chose que je m'en voudrais de passer sous silence. Il est préférable de tout dire! Je demeure convaincu qu'il vaut mieux ne pas faire ce genre d'action dans le seul but de meubler sa solitude ou de passer le temps. En effet, on risque alors d'avoir à en subir des effets secondaires: à trop vouloir en faire, on s'épuise. Il faut donc savoir dire non à l'occasion, et ce n'est pas là faire preuve d'égoïsme. Pour se sentir bien tout en étant au service des autres, il faut s'affirmer au besoin, quitte à déranger les autres.

On peut donc tout faire à la retraite pour ne pas tomber dans le désœuvrement, la turpitude ou la bêtise. Simplement demeurer soi-même. En résumé, on la prépare comme on prépare sa mort, puisqu'il y a beaucoup de vie là-dedans. On ne peut pas espérer être demain ce que l'on n'est pas aujourd'hui…

Le Jardin Lumière

L'heure de la retraite n'a donc pas été significative dans la façon dont je vis ma vie de tous les jours, et certainement pas au point de vue financier. Je me considère comme faisant partie d'une classe privilégiée, et c'est peut-être pour cela que j'ai pu me réaliser avec tant de facilité. L'aménagement du jardin, tout en étant une grande source de motivation, ne s'est pas fait seulement par des prières. J'y ai investi beaucoup de temps, d'énergie et de sous, surtout dans les dernières années, quand j'ai voulu lui donner une couleur différente de ce que tous les autres jardins ont à offrir.

Le soir, après souper, après une bonne journée de travail allongée de plusieurs heures, j'avais l'habitude de m'offrir un moment de détente et d'aller me reposer sur un banc tout en haut du jardin. Assis, je me laissais bercer au son des gazouillis d'oiseaux, dans la douceur du soir qui baissait. Chaque fois, je savourais un bien-être apaisant tout en pensant à la façon dont je pourrais partager cet environnement avec les gens qui n'ont pas eu le temps de se créer un lieu de détente, loin des soucis du quotidien.

Je redoublai d'ardeur pour tout compléter et ajouter des éléments qui pourraient susciter la réflexion des visiteurs. Arriva l'été 2001, et tout me sembla prêt. De plus en plus de gens, cet été-là, vinrent contempler mon jardin. Celui-ci n'avait toujours pas de nom comme tel et plusieurs n'osaient pas y mettre les pieds, le croyant privé. Souvent, les autos ralentissaient ou même s'arrêtaient, puis repartaient. Un soir d'hiver, en février 2002, lors de mes séances de méditation, je Lui demandai de bien vouloir m'inspirer dans ma recherche d'un qualificatif pour ce jardin.

Je ne voulais surtout pas une appellation vide de sens, trafiquée, biaisée dans le seul but d'y voir mon intérêt. Je désirais quelque chose de vrai, de solide, quoi! L'important était de ne pas m'écarter de l'objectif que j'avais pressenti après y avoir érigé la croix. J'avais à peine formulé ma demande que je fus agréé: «Lumière.» Je n'avais rien d'autre à entendre, tout était là! Ma joie se décupla et tout s'illumina. «Jardin Lumière.» Je trouvais cela divin!

Aussitôt, je me mis à écrire ce qu'on peut lire sur le feuillet que je remets aux gens au cours de leur visite du jardin, à savoir: «Un jardin à découvrir dans un refuge de silence éloquent, le rendant unique dans son approche, distinct dans sa vision, différent par son esprit.» Et je poursuivais: «Un jardin pour toi, à ta mesure, à tes aspirations. Une façon nouvelle de voir et d'admirer tout ce qui t'entoure dans une oasis de verdure, de beauté, de calme et de sérénité.»

Je fis ensuite l'esquisse de ce qui deviendrait l'enseigne «Jardin Lumière», apposée sur un poteau à l'entrée, puis une autre affiche sur un genre de parchemin en bois dressé sur une pierre, à gauche, que j'ai tout de suite appelée «Pierre vivante». C'est assez extraordinaire ce qu'on peut recevoir lorsqu'on se donne le temps de prendre le temps, dans le calme et le silence, où tout est sujet à inspiration.

Toujours est-il qu'à la veille du printemps 2003, l'idée me vint d'ajouter une note bien distinctive au jardin en lui donnant le sceau qui le rendrait unique en son genre. Si, dans tout jardin, le but premier est de se promener et d'admirer les fleurs, celui-ci se caractériserait par une toute nouvelle approche, méditative, contemplative. L'idée serait d'amener les visiteurs à aller un peu plus loin dans leur démarche, de les faire réfléchir, de les introduire dans un mode d'émerveillement, où tout est à découvrir.

Photo : Dominic Carrier
Gustave, un de mes trois petits-fils, fasciné par la boîte postale rurale.

Tandis que je me promenais dans le jardin, où tout me semblait nouveau chaque fois que je l'arpentais, une douzaine de points de repère retinrent mon attention. En y songeant bien, je me suis dit : Pourquoi ne pas développer ces points forts

Photo : Danielle Jolicœur
Une peintre à l'œuvre au symposium artistique dans les jardins de Saint-Léon en juillet 2004.

puisqu'ils ont tous quelque chose à raconter? Je pourrais ainsi les livrer aux gens, comme matière à réflexion, à leur arrivée à l'accueil. Par cette démarche, je voulais sortir des sentiers battus et je vis là une manière différente d'évangéliser, par cette catéchèse où chacun est libre de s'exprimer dans l'échange entre le groupe et lui.

Et ça a marché! Je posais toujours la question :

«Est-ce que je dérange certaines personnes par mes propos?»
Après une réponse spontanée par la négative, je poursuivais
dans la couronne du jardin.

À la fin de ces tournées d'une trentaine de minutes, je
demandais simplement aux gens d'exprimer les états d'âme
qu'ils avaient ressentis en le parcourant. Par la suite, chacun
pouvait poursuivre sa promenade, flâner, échanger, prendre
place sur les bancs disposés ici et là ou se laisser bercer dans
le monde fascinant de la con-
templation en prenant tout
son temps.

Les gens se mirent à dé-
filer dans le jardin après que
l'hebdo *La Voix du Sud de
Bellechasse-Etchemin* en eut
dévoilé les particularités dans
un article coiffé d'un titre
assez prophétique, «Le Jardin Lumière s'ouvre au
monde», complété par une
série de photos.

Conception: Antoine Carrier
*Une des trois sculptures réalisées par feue
Yvette Bontin.*

C'était parti! Je ne croyais jamais que tout cela aurait un tel
impact! Tous les autres médias, tant écrits que radiophoniques
ou télévisuels, renchérirent en donnant encore davantage d'ex-
plications sur cette façon nouvelle d'aborder la visite d'un jardin, où le spectateur n'était pas que passif.

On vint de partout, de tous les coins du Québec jusqu'aux
frontières américaines, d'Ottawa à Gaspé en passant par la Côte-
Nord. Je vis défiler de 500 à 600 personnes certains dimanches,
au plus fort de la saison. Des gens de toutes conditions et de tout
âge, de jeunes familles avec des bébés, de jeunes couples, des
familles entières, des groupes nombreux, des handicapés en
fauteuil roulant, etc.

Beau temps, mauvais temps, en imper avec un parapluie, on arrivait, débordant d'enthousiasme. On posait des questions, on discutait, on échangeait. J'ai alors vu, chez nombre de ces personnes, une soif, un désir d'aller de l'avant. À en entendre plusieurs, je comblais un besoin, une attente. On venait chercher « quelque chose », me disait-on !

J'étais très heureux, je remerciais et je rendais gloire à Dieu de ce qui arrivait. J'en ai même pleuré de joie puisqu'au tout début, lorsque j'ai commencé ces visites, je n'avais aucune idée qu'elles auraient une telle vocation et qu'on viendrait en si grand

Photo : François Nadeau
Le Jardin Lumière tel qu'il se présente depuis quelques années.

nombre. Le désir d'accueillir, d'écouter, d'aider, de partager, de donner cet espace de lumière à tout un chacun se réalisait enfin d'une manière bien concrète.

L'ermitage, un appel

Ce que je croyais être la fin de mon périple s'avéra, dans les faits, tout autre. L'heure de la récréation n'avait pas encore sonné. Une surprise de taille m'attendait!

La journée de travail du samedi 7 juin commença comme toutes les autres, soit, à mon réveil, par l'offrande de ma journée, de tout ce qui était à faire et de ma joie d'être dans un bien-être indicible à l'image de Son amour. Les premiers visiteurs de la saison avaient déjà commencé à se promener dans le jardin et, lorsqu'ils arrivaient, je laissais tout tomber pour les accueillir. Il y a tant à faire! C'est la raison pour laquelle mes journées commencent très tôt au printemps et à l'été. Toutes ces plates-bandes qu'il faut reconfigurer, nettoyer et biner! C'est la période idéale pour faire la division de certaines vivaces devenues parfois trop envahissantes et, pourquoi pas, pour tenter de nouvelles expériences. Ce samedi-là, c'est par la plantation des derniers plants de tomates que prit fin ma journée, dans une atmosphère chaude et humide.

Il m'arrive régulièrement, après souper, d'aller m'asseoir sur un banc tout en haut du jardin et de me laisser porter par un bien-être qui m'envahit instantanément. En ce début de soirée, alors que le soleil était encore bien présent, j'étais à peine entré dans ma contemplation que l'appel de construire un ermitage, avec des petits refuges (poustinias), m'a été donné d'une manière claire et nette. Leur nombre ainsi que certains détails m'apparaissaient d'une façon non équivoque. J'étais stupéfait et même troublé.

J'avais reçu ce même appel trois ans auparavant en le balayant du revers de la main. Je n'avais même pas voulu m'y arrêter, croyant que ça venait de mon imagination, ne voulant rien savoir car cela viendrait certainement déranger ma quiétude. Je considérais que j'en avais déjà suffisamment fait pour Lui! Le jardin n'était pas complété et je ne pouvais certainement pas travailler sur les deux fronts à la fois. De plus, je me trouvais trop âgé pour entreprendre une telle mission, ce qui me donnait bonne conscience. En fait, j'avais la certitude que j'en étais incapable.

Mais cette fois, c'est avec enthousiasme et une ardeur surprenante que je dis oui à tout cela. Pourtant, les mêmes obstacles étaient toujours là, tout aussi nombreux et, comme tout le monde, je ne rajeunissais pas! Un ermitage, ce n'est tout de même pas un casse-croûte à bâtir! On ne construit pas ça pour une saison ou deux. Et qui prendrait la relève dans le futur pour poursuivre cet objectif? Sans parler du fait que le jardin prenait déjà tout l'espace disponible! Où allais-je ériger cet ermitage et dans quelles conditions? C'était là un méchant contrat, comme on dit! Dans quoi étais-je en train de m'embarquer?

Aujourd'hui encore, je n'ai pas de réponse à toutes ces questions! Mais comment expliquer ce qui se produisit? En fait, cette force qui m'habite et m'entraîne à vouloir aider les autres prend toute la place, au point où je m'oublie. Pourquoi ne pourrais-je pas moi aussi profiter d'une retraite paisible, semblable à celle de la majorité des gens qui m'entourent? Est-ce le prix à payer quand on prend le chemin et qu'on prononce son fiat?

Des difficultés dès le départ

Au tout début, quand j'ai reçu cet appel, j'étais tellement rempli d'enthousiasme que j'y allais avec l'ardeur d'un bulldozer prêt à tout écraser, tout bousculer pour faire avancer les choses. Quand les gens n'étaient pas de mon avis, je faisais fi de leur opinion, allant parfois jusqu'à les ignorer. Dans cette tornade, j'en ai blessé plus d'un et je le reconnais. Cependant, il n'y avait aucune méchanceté de ma part, puisque j'aime tout le monde. Je mettais ça sur le compte de l'incompréhension, même si j'avais beau leur expliquer que ce n'était pas une fantaisie de ma part et que ce projet devait se réaliser quoi qu'il arrive, quels que soient les obstacles.

Les problèmes ont commencé quand j'ai voulu faire l'acquisition d'un terrain se trouvant à la limite du Jardin Lumière. J'ai reçu comme réponse un refus total des propriétaires, prétextant des raisons que je n'ai jamais comprises, d'ailleurs. En fait, je ne voulais acheter qu'une fraction de leur immense terre pour les besoins de ma cause. Je ne le faisais pas pour des intérêts personnels, mais pour le bien-être de la collectivité. Ne voulant pas m'avouer vaincu et baisser les bras trop rapidement, je leur ai demandé de surseoir leur réponse d'une semaine avant de me reconfirmer leur décision.

Quelques jours avant que j'obtienne cette décision – qui n'est jamais venue, d'ailleurs –, je me suis dit qu'il serait sage de marcher sur le terrain pour me faire une idée de ce que je voulais acquérir. Là, une bonne ou une mauvaise surprise, c'est selon, m'attendait. La bande de terrain que je convoitais se révélait impropre à construire quoi que ce soit. À mon grand étonnement, je découvrais une terre de roches. Pire encore, c'était comme s'il était tombé une pluie de roches à cet endroit précis. Impossible de cultiver le sol. La terre s'y faisait aussi rare que neige en juillet.

Je n'en croyais pas mes yeux. Et dans ma stupéfaction la plus totale, malgré cette découverte diabolique, je remerciais Dieu de m'avoir épargné d'acheter cet endroit, une entreprise qui aurait pu tourner au cauchemar. Une fois de plus, Il se posait en défenseur et m'évitait de tomber dans la trappe posée sous mes pieds. Je ne voulais pas m'avouer défait et j'interprétais cet échec comme un effet de Sa pure bonté. Dans ma volonté de poursuivre, je fonçai à nouveau et, à peine une semaine plus tard, j'avais les yeux et le cœur tournés vers la terre de l'autre côté du chemin, face au jardin.

Là, c'était tout un morceau que j'attaquais. Une fois de plus, le propriétaire ne voulait pas vendre. Mais cette fois-ci, j'avais marché sur la terre à plusieurs reprises et l'endroit se révélait un vrai éden. Toute mon attention était dirigée du côté est : je voyais déjà l'endroit où seraient érigés les ermitages.

Ma première rencontre avec le propriétaire, le 17 juin, dura un peu plus de cinq heures et se termina à une heure assez tardive dans la nuit sans qu'il y ait pour autant de lueur d'espoir pour la suite. À ma deuxième tentative, je sentis un léger déblocage, mais sans plus. Par la suite, je mis le paquet et je lui demandai la permission d'en discuter avec l'une de ses filles. Là, il y eut une ouverture d'esprit.

Une fois de plus, je dis à Dieu: «Veux-tu, oui ou non, que j'érige cet ermitage?» Croyant avoir reçu de Sa part l'appel de le faire, j'étais en droit de Lui poser la question. Cette réponse, je ne l'obtins que le 7 juillet. L'espoir, une fois de plus, renaissait! L'ermitage serait construit.

Un débordement, oui, je m'en confesse!

Voulant trop embrasser à la fois, Antoine avait les yeux trop grands. Entre ces deux étapes, l'achat du faux et du vrai terrain, l'idée lui était venue d'acheter un petit château de quatorze pièces, avec dix chambres à coucher, qui était à vendre au cœur de Saint-Malachie, à environ une quinzaine de kilomètres à l'est de Saint-Léon-de-Standon.

Sans perdre un instant, je fis une offre d'achat tout en sachant que je n'étais pas le seul intéressé. Une offre qui, en fait, pouvait être refusée. Et me voilà propriétaire de cette immense résidence qui, je croyais, serait nécessaire pour l'ermitage dans les années à venir et que je pensais louer assez facilement entre-temps. Je pensais l'offrir à ceux qui semblaient intéressés à l'acquérir, car ce n'est pas le genre de maison qu'on peut louer à Pierre, Jean, Jacques. Après avoir rencontré des locataires potentiels, je compris rapidement que je faisais fausse route et que j'aurais un paquet de problèmes en la louant.

Un peu moins d'un mois plus tard, le 17 septembre, je donnais le mandat à un agent immobilier de vendre tout cela, meubles compris. Et là, c'est vrai que ça pressait! Je ne voulais surtout pas passer l'hiver avec ça sur les bras. L'automne était déjà là et je me disais qu'il serait surprenant que je la vende dans cette période. De plus, on n'était pas à Sillery, Sainte-Foy ou Cap-Rouge, mais bien à Saint-Malachie. Qui pouvait vouloir l'acheter? Certainement pas les gens de la place. Donc, dans mes prévisions les plus optimistes, je me disais que je ne pourrais pas la vendre avant avril ou mai. Et je savais que je devrais descendre à Saint-Malachie une ou deux fois par semaine pour vérifier que tout allait bien.

Malgré tous ces petits problèmes, je ne désespérais pas et fis à nouveau appel à Ses services, avec cette fois-ci de l'aide de saint Antoine, mon patron en qui j'ai une confiance iné-branlable. Il a fait tant de choses pour moi dans ma vie que je ne peux douter de lui. Je leur ai donc demandé de bien vou-loir me sortir d'une situation que j'avais bel et bien créée en voyant un peu trop loin et un peu trop grand.

Tous les jours, je leur réadressais ma demande de faire vendre la maison. Je vous le répète, ma foi est grande, capable de déplacer les montagnes. Si le doute prend vie dans votre cœur, oubliez les neuvaines, les lampions. Vous repasserez une prochaine fois. La foi, c'est de croire qu'on sera exaucé!

Je suis en train de lire, en ce samedi 15 novembre, lorsque le téléphone sonne. C'est l'agent immobilier qui m'appelle de son bureau et m'annonce qu'il est avec un acheteur intéressé à faire une contre-offre par rapport au prix que j'ai demandé. L'offre est à ce point sérieuse que l'agent me demande de bien vouloir aller à son bureau pour signer les documents. Il n'y a encore rien de fait, puisqu'il y a certaines conditions auxquelles l'acheteur devra se soumettre, mais cela me semble promet-teur et je réalise tout d'un coup la tournure quasi miraculeuse des événements. Est-ce possible? Tout s'est déroulé si vite! Je suis stupéfait et comblé de joie. Je remercie le Seigneur Mon Dieu et mon Saint Patron pour cette aide et cet appui. Encore aujourd'hui, je les en remercie.

Toutes les conditions étant remplies, je fus convoqué à signer l'acte notarié le mercredi 3 décembre, jour de mon anniver-saire. Vraiment, je n'ai rien à rajouter, sauf: merci!

Ce que je croyais
être une simple formalité...

La terre achetée pour construire l'ermitage, face au jardin, était située dans une zone verte. Cela veut dire qu'on ne peut faire quoi que ce soit qui déborde de la vocation de l'agriculture. Au départ, avant de l'acheter, j'aurais dû aviser la Commission de protection du territoire agricole du Québec (CPTAQ) de mon intention d'ériger ce type de construction.

En raison de mon optimisme, de ma confiance et surtout de l'appel reçu, cela ne pouvait pas m'empêcher d'aller de l'avant. Voilà pourquoi j'ai acheté cette terre avant d'obtenir cette autorisation.

J'ai donc écrit à la CPTAQ au début du mois d'août pour obtenir son *imprimatur,* sans douter un instant d'une acceptation de leur part. Le but premier n'était tout de même pas de dénaturer ou de polluer l'environnement en abattant des arbres pour épandre un surplus de purin, comme cela s'est fait à certains endroits du Québec! À la lecture de la réponse qu'elle m'adressait le 14 août, j'ai vite compris que les événements ne se dérouleraient pas sans heurts. Mais j'étais loin de penser que je m'engouffrerais dans un dédale de détails techniques à n'en plus finir.

À ce stade-ci, étant donné la tournure et l'ampleur du dossier, je tiens à vous faire part de la lettre de refus que j'ai reçue, ma demande étant considérée comme irrecevable.

Monsieur,

L'examen préliminaire de la demande d'autorisation que vous avez déposée à la Commission en vue de réaliser un projet de construction d'un bâtiment d'ermitage afin d'y recevoir des gens sur une propriété formée des lots ou parties de lots 69, 70, 71 et 72, du cadastre officiel du canton de Cranbourne, circonscription foncière de Dorchester, a révélé que cette demande doit être assimilée à une demande d'exclusion puisqu'elle vise l'implantation d'une nouvelle utilisation à des fins institutionnelles sur un lot continu aux limites de la zone agricole de la municipalité de Saint-Léon-de-Standon.

Or, l'article 65 de la loi stipule qu'une demande d'exclusion ne peut être faite que par une municipalité régionale de comté, une communauté ou une municipalité locale.

Ainsi, une demande d'exclusion faite par un demandeur autre que ces entités est irrecevable, ce qui est le cas ici.

Dans ces circonstances, la Commission n'a pas juridiction pour traiter votre demande [...].

Depuis, je me suis tenu au courant de l'évolution de l'étude de ma requête, car le Ministère m'envoie une copie conforme de chaque lettre qu'il fait parvenir aux différents intervenants. Pendant que cela se déroulait à l'arrière-plan, je n'allais tout de même pas me morfondre et me tourner les pouces en attendant la décision de ces sages au pouvoir, qui décideraient du bienfondé de l'ermitage.

J'ai donc décidé de passer à l'attaque sans pour autant transgresser la loi. À la fin d'août, je contactais un architecte-paysagiste en lui donnant le mandat de me préparer un relevé du terrain pour pouvoir tôt ou tard décider de l'emplacement des ermitages.

J'avais déjà une bonne idée de l'endroit où je voulais concentrer mes efforts étant donné la très grande superficie de la terre. Je voulais connaître son avis et voir si mon *feeling* correspondait à la lecture qu'il en ferait. Après avoir marché à cet endroit à plusieurs reprises avec, cette fois, un arpenteur-géomètre, celui-ci me présenta un devis détaillé, qui allait bien au-delà de mes attentes. Figuraient sur le plan tous les détails de la mise en œuvre, à partir de l'emplacement des refuges, ceinturés par des sentiers et par le chemin principal. Déjà, dans ma tête, cela prenait l'aspect d'un autre jardin d'éden, miniature cette fois.

Nous étions rendus à la mi-octobre et je n'avais toujours pas le feu vert de la CPTAQ pour commencer les travaux. Les seules nouvelles qui me parvenaient par copie conforme étaient plutôt négatives. Rien pour m'emballer, rien pour crier Alléluia ! Mais je restais confiant !

Après quelques jours de réflexion, je décidai de passer en mode de croisière et de poursuivre ma montée du Carmel. Je fis appel cette fois-ci à de l'artillerie lourde. Qu'est-ce qui arriva, un matin frisquet de la fin d'octobre ? Du gros matériel lourd – pas les jouets Tonka de mes enfants ! – pour lacérer, déplacer, revirer, abattre les intrus qui bloquaient l'accès des lieux de la belle. Petit à petit se faufilaient des chemins, des sentiers, des endroits où seraient érigés les petites cabanes et le bâtiment principal. Déjà, la vue du terrain ainsi travaillé présentait un cachet mystique. Un je-ne-sais-quoi qui vous interpellait, vous apaisait et vous disposait à la contemplation et à la méditation. Tout était silencieux, imprégné d'une atmosphère de pureté et de vérité. Un monde nouveau surgissait. La beauté vous accueille de façon si saisissante qu'elle vous prend par la main pour se faire complice de la joie qui vous inonde. Et dire qu'il n'y a encore aucun bâtiment ! Le discours intérieur qui s'entend dans les sentiers en ravit plus d'un et chacun se hâte de rentrer dans sa *poustinia* (mot russe qui signifie désert) pour prolonger le dialogue.

L'hiver a déjà déposé son manteau blanc sur l'ermitage en devenir et nul ne connaît le sort qui l'attend à son réveil, au printemps.

De la fenêtre de la maison, chaque matin, je jette un coup d'œil furtif sur ce terrain que je n'ai jamais considéré comme ma propriété, même s'il l'est légalement. Un peu à l'image du Jardin Lumière, l'ermitage pendra son envol et tout son sens quand les gens sentiront le besoin d'y séjourner, de venir puiser à la Source pour refaire la partie la plus importante de leur être.

En ce soir du lundi 29 décembre 2003, il est 21 h 30 au moment où j'écris ces lignes et je n'ai toujours pas de réponse à vous donner pour la suite des choses. Cet appel du 7 juin demeure pour moi Sa volonté, et je n'ai jamais de doute là-dessus. Malgré tous les obstacles rencontrés depuis, j'ai toujours persisté et, surtout, je ne me suis jamais découragé car je Le sens là, à mes côtés.

Dessin au crayon de Marie-Claude Carrier: *L'Ermitage au début de l'hiver 2004.*

Mais si les gens en autorité ne me donnent pas leur O.K., je ne pourrai rien y faire. Les décideurs qui me font face, quelle direction prendront-ils devant cette demande? Quelle volonté adopteront-ils? La leur ou la Sienne? Dieu nous a créés libres. C'est à nous de faire ce choix! Si la décision finale s'avérait négative, jamais je ne vous dirai que ce n'était pas la volonté de Dieu. Je dirai plutôt que c'est le bon vouloir de l'homme qui aura primé.

Quant à moi, j'ai prononcé mon fiat le soir du 7 juin, quand j'ai reçu cet appel d'aller en mission, de Lui construire cet ermitage pour aider mes frères et sœurs à trouver un sens à leur vie en leur faisant prendre conscience qu'il est temps de s'éveiller dans ce monde de plus en plus anesthésié dans sa folie.

Et qu'est-ce que je ferai de cette terre que j'ai achetée alors que je n'avais aucune certitude que je pourrais y construire l'ermitage? Soyez sans crainte, j'y planterai des fleurs, beaucoup de fleurs. Si Dieu le veut et si j'ai la santé et la forme pour le faire.

Au bout du compte, j'espère obtenir une réponse éclairée, pleine de sagesse, dans laquelle on m'expliquera le refus de ma requête et en quoi je vais à l'encontre de la loi en voulant faire du bien à mes semblables. Je sais pertinemment, à la faveur de nombreuses confidences reçues, que certaines personnes sont à la recherche d'un vert pâturage où il ferait bon paître. D'autres courent désespérément et ne trouvent que des points d'eau taris. Le reste du troupeau court à vive allure et dans tous les sens dans la plaine immense, sans savoir qu'un énorme précipice se profile à l'horizon.

Ce que je trouve de rafraîchissant dans tout ce va-et-vient, c'est que cela demeure le choix de chaque individu. On ne peut jeter le blâme sur l'Adam d'hier. «La Vérité vous rendra libre», a dit le Christ il y a déjà bien des années. Qu'en est-il aujourd'hui après tout ce temps?

L'ermitage : pourquoi se retirer au désert de son cœur ?

Qui parmi vous ne ressent pas à l'occasion le besoin de prendre le large, de s'éloigner, de s'évader du train-train quotidien pour refaire ses forces ou faire le point sur sa vie ? De plus en plus de gens recherchent parfois un endroit pour vivre une situation qui les déstabilise : une rupture, une séparation, un deuil, une perte d'emploi, le mal de vivre ou une décision importante à prendre. Il y a bien des situations où l'on peut avoir besoin de faire une pause et de chercher à comprendre ce qui ne tourne pas rond.

Le vide étant immense à combler, on ne se donne aucun répit. On consomme comme on vit et on vit comme on consomme. Pas moyen de remplir cet abîme qui en demande toujours de plus en plus. À ce rythme-là, pas surprenant que les plombs sautent et que, pour en rajouter, la médecine joue le jeu des incompris avec des moyens artificiels qui sèment encore davantage la confusion.

Pourquoi l'homme a-t-il évacué le divin en lui ? Il est avant tout un être de communion. Le bruit infernal a envahi sa vie comme une caisse de résonance pour l'empêcher de s'entendre et de se dire. Après le passage du cyclone, il est secoué de toutes parts, brisé, morcelé comme un fétu de paille, ne sachant plus d'où il vient ni où il va. Il a oublié son lieu d'origine et encore plus les chemins qui mènent à la demeure de son cœur.

Bien souvent, c'est vous qui détenez tous les outils nécessaires pour poursuivre votre chemin. Mais encore faut-il le *vouloir* et vous regarder en face pour plonger dans cette vie intérieure qui fait peur à bien des gens. Passer une journée, trois journées ou plus dans une petite cabane, un ermitage, cela fait toute la différence. Ainsi, vous pouvez vous approprier la vie qui est là devant vous, prête à se révéler différemment. Une toute nouvelle façon de vous désintoxiquer et de vous libérer l'esprit et le cœur dans une volonté inconditionnelle.

Aquarelle faite par Marie-Claude Carrier à l'âge de 18 ans.
Aujourd'hui, elle sert de toile de fond à l'Ermitage. Remarquez le point lumineux au centre de la rosace et la lumière qui se dégage sur le pourtour du dessin. Peut-on parler de hasard? Certainement pas!

Pour ce faire, j'aimerais vous amener dans les sentiers du silence pour vous faire découvrir toute leur richesse. Le silence, c'est beaucoup plus qu'une simple absence de bruit. Mais il faut d'abord l'apprivoiser, comme on le fait pour toute amitié. Contrairement à certains produits de luxe, tous y ont droit et il n'est pas réservé exclusivement aux moines, aux ermites vivant en reclus dans les monastères. Cet appel du silence s'adresse maintenant à vous tous, ermites contemporains, vivant dans les villes, les villages ou ailleurs.

Le silence est aussi vital à l'homme que le besoin de l'air qu'il respire. Partout où règnent le calme, la quiétude, la sérénité, il trône au milieu de ce jardin où il fait ses délices. Il est de tout repos et l'homme qui ne fait pas corps avec cette forme de prière se prive de la qualité de vie de son être profond, qui recèle tous ses trésors.

Pour certains, il sera source de frayeur, une expérience terrifiante aux secousses sismiques qui ébranlent. Avant de le faire entrer en soi, il y aura donc tout un ménage à faire. On ne prend pas une tasse de silence comme on prend un Tim Horton. C'est une mouture très, très spéciale et ses effets secondaires sont si bénéfiques qu'on le savoure par la suite avec grâce même dans les lieux où on lui fait peu de place. Pour l'initié, c'est le compagnon de tous les instants, dans tous les lieux.

Ne vous affolez pas outre mesure, je vais vous amener dans un lieu où vous pourrez l'apprivoiser. La *poustinia* (désert, en russe) est l'endroit idéal pour vous faire découvrir toutes ses facettes. Avant tout, un état intériorisé dans un lieu d'une extrême simplicité. Une cabane sans électricité avec un lit, une table, une chaise, une Bible et ce qu'il faut pour écrire.

Un endroit solitaire, un endroit silencieux et tranquille pour trouver le Dieu qui demeure en vous et qui va vous faire prendre conscience de la merveille que vous êtes en se révélant à vous par la voie de la contemplation.

À la lecture de ce texte, vous comprendrez que plusieurs mots servent à désigner un seul et même lieu, l'ermitage. J'aime particulièrement utiliser celui de «désert», que je trouve très fort. Le désert a toujours fasciné les nomades, les voyageurs séduits par l'aventure, mais plus encore les sages, les Pères du désert, ces chercheurs assoiffés d'absolu, et ce, à toutes les époques et encore davantage aujourd'hui.

Il y a les déserts extérieurs, que l'on peut facilement repérer sur les cartes géographiques, alors que le désert intérieur se livre à lui-même sans égard au lieu. Si le désert extérieur, lieu inhospitalier et même hostile, ne nous conduisait pas à ce désert intérieur, inutile serait la démarche menant l'esseulé dans

un endroit isolé. En plus d'être retiré du monde, le désert intérieur est avant tout une coupure, une séparation du monde extérieur, où tout fourmille.

On va dans un ermitage pour se faire une santé intérieure
sous la supervision du maître spirituel, le Christ, seul intermédiaire entre l'homme et Dieu. Il faut vous rappeler que vous
entrez dans le désert pour vivre en silence, pour prier et jeû-
ner si vous en avez la capacité et le besoin, pour évacuer tout
ce que vous avez enfoui, déposé, caché, dissimulé pendant
toutes ces années et qui vous fait toujours souffrir, que vous le
vouliez ou non. Je n'entrerai pas ici dans les détails, puisque
c'est vous qui en portez le poids.

Soyez assuré d'une chose : avant de songer à faire le plein
de Lui, vous devez, je le répète, vous vider, vous vider au point
de disparaître, laisser la chambre de votre cœur complètement
dégagée, libre de tout afin qu'Il puisse survenir à l'improviste
à tout moment. Certaines personnes se ferment de l'intérieur,
croyant assurer leur sécurité, mais elles sont tout aussi sujettes
à l'angoisse, à l'anxiété, à la peur. L'être de Dieu est amour. Vous
voyez ce que je veux dire ?

C'est là que le silence va vous tirailler, vous épuiser, vous
faire pleurer – le don des larmes –, vous vider jusqu'à ce que vous
lâchiez le morceau. Au plus fort de votre désarroi, de votre tourmente dans l'ouragan, ne désespérez pas. Vous n'êtes jamais
seul ! Dieu notre Père, votre Père est là même si vous le croyez
absent, même si vous doutez. Posez-vous la question : «Suis-je
confiant ou en mode de défense ?»

Vous aurez aussi la visite d'un «imposteur» qui va tout faire
pour vous faire sortir de votre refuge. Le Malin, le tentateur, fera
aussi partie des meubles. Je vous livre le témoignage d'une personne qui déclarait à sa sortie de son ermitage : «Toutes mes
pensées bourdonnaient en moi comme des mouches. Je pensais à tout, à tout faire, à tout sauf à Dieu.» Tout cela est normal et se comprend. Ceux qui n'ont jamais connu l'expérience

de Dieu vont certainement trouver l'expérience pénible au tout début. On ne réussit pas sa première toile au premier coup de pinceau. Cela prend un certain temps à l'homme d'aujourd'hui pour replier les ailes de son savoir puis ouvrir la porte de son cœur.

Jésus a bien été tenté dans le désert!

Allons, poursuivons! Le Malin viendra souffler à l'oreille de votre cœur que vous perdez votre temps, que vous n'y arriverez pas, qu'il y aurait autre chose à faire de plus intéressant à l'extérieur. «Tu es trop jeune! Pourquoi te casser la tête? Profite de ta vie, attends d'être plus âgé, laisse ça aux plus faibles! Jouis de la vie pendant que je t'offre tout cela pourvu que tu te donnes à moi!»

De grâce, ne baissez pas les bras. Cela fait des semaines, des mois que vous pensez à ce séjour à l'ermitage pour vous ressourcer. Vous êtes sur le point d'y arriver! De la persévérance avant tout! Cela fait combien d'années que vous vivez ce mal-être? Encore un petit effort, vous êtes sur le point de vous libérer!

Le désert vous dépouillera de ce qui vous rendait lourd. Mais vous devez mourir à vous-même pour passer du Vendredi saint à cette vie de lumière. Enfin, vous serez rendu sur l'autre rive!

Voyez plutôt la souplesse, la légèreté du papillon devenu libre depuis qu'il est passé du stade de chenille – lourd, sur terre – à celui du cocon de soie qui le retenait prisonnier, paralysé dans tous ses mouvements, puis à celui de papillon.

On doit séjourner dans le désert de son cœur le temps nécessaire – toute sa vie, parfois – pour subir une transformation, une transfiguration, pour que la vie prenne une couleur, une dimension à l'image du Christ et nous fasse découvrir la profondeur de l'amour de son Père, et pour que l'on dise à notre tour: «Ce n'est plus moi qui vis mais le Christ qui vit en moi.»

Dans l'attente
et dans le calme le plus complet

Mon manuscrit, terminé le 4 janvier 2004, a été lu par une quinzaine de personnes. Avant de le faire parvenir à un éditeur, je voulais m'assurer de l'avis critique de ces lecteurs. Je voulais simplement qu'on me dise si sa lecture pouvait amener à réfléchir davantage. Je l'ai fait circuler dans différentes sphères de la société, précisément pour avoir un meilleur échantillonnage.

De l'avis de tous, sauf une personne, il y avait nécessité que ce manuscrit soit publié. Puis je l'envoyai à un éditeur.

Mais c'est comme si la décision d'aller de l'avant m'avait déjà été confirmée, et c'est la raison pour laquelle je me remis à l'écriture à la mi-novembre, de façon que tous les derniers éléments puissent y figurer à sa parution, au printemps 2005 d'après mes prévisions.

La foi qui me porte m'a fait agir sans que j'aie toutes les garanties habituelles pour poursuivre un tel projet. Celui-ci n'a donc pas encore reçu l'aval final de la personne qui en détient la clef, avec tout l'impact que cette décision aura. Mais depuis, il s'est passé tant d'événements que j'ai senti la nécessité d'apporter des ajouts à mon manuscrit pour que le lecteur en saisisse toute la profondeur et comprenne toutes les subtilités présentes dans les desseins de Dieu à mon égard. J'aime à le redire et à le répéter: tout ce qui m'arrive est d'ordre divin. Imaginez un puzzle, un immense casse-tête pour lequel vous auriez à chercher chaque pièce avant d'en arriver au résultat final tant attendu! N'en déplaise à quiconque, depuis le soir du 7 juin 2003, où Il m'assignait la mission de Lui construire cet ermitage, je n'ai jamais senti le besoin de placer toutes les pièces de ce casse-tête malgré tous les obstacles et toutes les épreuves qui se sont dressés devant moi pour faire échec à ce devoir.

Non, je n'ai pas à me soucier de ces refus et de ces retards qui traînent en longueur. Je ne veux pas vous marteler la tête avec mes redondances, mais comme je vous l'ai signalé à maintes reprises, je n'ai pas d'agenda et tout se déroule selon Sa volonté et non la mienne. Le seul calendrier d'événements que j'ai à respecter m'est dicté par les gens qui me côtoient ou qui me contactent, par l'horaire de travail qu'ils se sont assigné. Cela peut paraître étonnant, mais c'est ainsi! À la fin de la journée, je ne suis jamais déçu de ce que j'ai fait, puisque j'ignore ce qui m'attend quand je me lève le matin. N'est-ce pas divin cette façon dont les choses se passent pour moi, dans l'ensemble de ce que je réalise? Et quand je constate les résultats, je suis étonné de ce qui s'en dégage. Tous les morceaux de ce projet se placent selon le plan original ou parfois différemment, mais au fil du temps tout s'éclaire et tous les éléments s'imbriquent de façon inouïe et prodigieuse.

D'aucuns diront que c'est de la chance, mais je n'ai pas cette vision des choses, puisque tout s'avère à la fois bon, beau et divin même lorsque la confusion et le non-sens semblent au rendez-vous, ce qui arrive plus souvent qu'autrement!

Certaines personnes en autorité de pouvoir décisionnel se donnent le privilège de recouvrir de crépi ce qui leur déplaît. Cette forme de maquillage n'est-elle pas l'attitude d'un grand nombre de gens? Camoufler pour mieux paraître alors que l'intérieur est en proie au doute, aux contradictions et la source de tous les dérapages de l'homme dans son irréalisme. J'aimerais amener le lecteur à une vision plus ouverte, plus consciente de ce qui le fait agir lorsqu'il fait un geste qui peut s'avérer une marée noire dévastatrice autour de lui, atteignant plus particulièrement les laissés pour compte, les plus démunis et les plus vulnérables de la société, qui demeurent nos frères et sœurs.

Il y aurait tant à dire sur notre comportement à tous en général quand on prend le temps de réfléchir à ce qui fait qu'une seule de ces journées que nous avons à vivre peut être soit lumineuse, soit ombrageuse, quelle que soit la température ambiante.

Un temps nouveau
A pris forme et corps
Et j'en savoure intensément
Chaque moment présent !

Le début de l'année 2004 s'est déroulé tout aussi divinement que dans les années passées. L'écoute téléphonique, la relation d'aide prennent alors beaucoup de place. Mais en ces temps un peu plus calmes, la mer s'apaise et l'art du vitrail, la lecture et la méditation prennent la relève dans une atmosphère où sa Présence me comble pleinement, sans que les désirs me troublent et me rendent dépendant de quoi que ce soit.

Oui, mon Père m'a tout donné. Comment pourrais-je trouver une satisfaction autre puisqu'Il est la source de tout ce que je peux voir, entendre, sentir, toucher, goûter ?

Je fais l'expérience de tout cela, comme chacun, mais pas au point que ma vie soit conditionnée par les possessions, les attachements. Comme je me plais à le dire à mon

Un des nombreux vitraux que j'ai réalisés dans mes journées d'hiver, quand je suis moins sollicité.

147

entourage, j'aime tout ce qui est beau, harmonieux, richement paré, mais je n'ai nullement le désir de posséder ou de m'approprier toutes ces choses.

Une tuile parmi tant d'autres

Le 10 février de cette même année 2004 a été une date charnière, puisque la municipalité de Saint-Léon-de-Standon a comparu devant la Commission de protection du territoire agricole (CPTAQ) sur le dossier de l'ermitage. Je n'ai pas eu un sentiment des plus favorables au cours de cette audience. Puis, dans une lettre que j'ai reçue le lundi 8 mars, le verdict est tombé : «Par ces motifs, la Commission refuse de faire droit à la demande, sous la signature de Ghislain Girard, commissaire président de la formation.»

Oui, je dois avouer qu'à la lecture de cette lettre, un sentiment d'impuissance a envahi tout mon être. Vraiment, je ne comprenais pas cette décision. L'absurdité dans toute sa splendeur, avec un manque total de discernement, voilà ce que j'ai décelé en celui qui avait pris cette décision. Malgré mon étonnement, à l'instant même une lumière radieuse a brillé dans mon cœur, me faisant comprendre que tout n'est pas fini. J'aurai à vivre des événements surprenants, au grand dam de tous les sceptiques et détracteurs qui m'ont déjà cloué sur la place publique depuis le tout début.

Oui, la foi et l'amour qui continuent à m'animer demeurent inlassablement le lot de Son amour dans tout ce qu'Il fait pour moi. Et cela, nul ne pourrait me l'enlever même si on m'encerclait de toutes parts. Je me tiens derrière ou devant le

«Je suis celui qui est». Ma force, ma détermination, ma passion reposent en Lui!

Malgré ce jugement de la CPTAQ rendu en mars, me signifiant qu'on ne pouvait donner suite au projet de l'ermitage, une certaine lueur d'espoir a persisté, bondissant à nouveau dans mon for intérieur puisqu'on signalait que la décision pourrait être contestée et que c'est le tribunal administratif du Québec (TAQ) qui trancherait en dernière instance.

C'est précisément la procédure que la municipalité de Saint-Léon, par l'entremise de son procureur, a décidé d'entreprendre. C'est le 2 novembre dernier que tous les intervenants dans ce dossier se sont retrouvés devant ledit tribunal. La CPTAQ avait avisé celui-ci qu'elle ne ferait pas de représentation pour s'opposer à cette décision. Il en ressort qu'il n'y a eu que des témoins en faveur du projet à ces audiences. Et ce que j'en ai perçu tranchait radicalement avec ce que j'avais vécu en février 2004. Les deux juges se sont même déplacés deux jours plus tard pour venir visiter les lieux du jardin et de l'ermitage. Sans me faire d'illusions, alors que ma confiance s'élevait d'un autre cran, j'ai senti ce matin-là qu'enfin les choses prenaient la bonne direction.

Au moment d'écrire ces lignes, aujourd'hui le lundi 6 décembre, il fait un temps ensoleillé magnifique. La lumière fuse de toutes parts alors que l'hiver a déjà étendu au sol son scintillant manteau d'hermine.

C'est dans les jours, les semaines ou le mois à venir que je saurai si je peux poursuivre mon projet de construire les autres petites solitudes. Et un de ces matins, j'espère bien que je lirai fébrilement une lettre du tribunal disant oui à mon projet. Je crierai du même souffle Alléluia! Alléluia! Le Seigneur confirme en moi Ses merveilles!

Éveillons-nous!
Même si la nuit
Est toute proche!

L'hiver se retire sans nous avoir cinglé par des froids d'une extrême rigueur, qui pénètrent au plus profond de notre être. Ni l'hiver ni la mort ne peuvent freiner la vie que chacun porte en lui, ni l'arrivée de la sève montante sous la lumière intense du soleil, qui a vite fait basculer le cortège funèbre qui faisait de l'ombre tout autour de soi.

Une fois de plus, l'autre saison de la vie fait une entrée triomphale sous la forme de tous ces petits riens de la nature qui font notre joie de vivre.

Il y a tout à voir lorsque la personne que nous sommes s'unit avec tout ce qu'elle recèle – le corps, l'âme et l'esprit –, laissant le divin la guider dans le chemin qui mène à la vérité.

Pour moi, on ne peut pas toujours se laisser conduire par son corps physique sans y associer la fibre spirituelle, qui reste bien présente en soi mais que l'on rejette parfois sous prétexte que l'on n'a pas à s'approcher du Tout Autre. Cette situation en dérange plus d'un et l'ego, fort de ses attributs, se refuse à toute négociation car il craint de perdre son emprise sur nous.

Et nous nous retrouvons à la case départ : orgueil, quand tu nous tiens !

La grande majorité des gens se laissent conduire aveuglément dans des situations les plus confuses, qui ne mènent nulle part, et pensent y trouver leur compte, mais quelques-uns laissent la parade en se retirant à l'écart pour faire le point. Loin du bruit de la foule, ils commencent à voir et à entendre, et un sentiment d'apaisement les porte à vouloir en connaître davantage. Soudain, ils se rendent compte qu'il y a plus que le corps à vêtir et à nourrir. Des étincelles de lumière jaillissent à l'écoute du silence et de toutes les mélodies qu'il dégage, et ils sont surpris de constater qu'ils n'ont pas besoin de meubler cet instant. Ils goûtent, savourent la douceur sans entendre les clameurs qui se dressent dans leur tête pour les faire fuir. Ainsi, pour une rare fois, le cœur apaisé a trouvé refuge dans cette oasis de paix. Que se passe-t-il ? D'où vient ce bien-être furtif ? Cette volonté de se retirer à l'écart n'est pas le fruit de l'imagination !

Laissé à lui-même, le corps physique se trouve bien seul et ne pèse pas lourd dans la balance lorsque tout devient poussière. Toute la profondeur et la richesse invisibles à l'œil mais qui constituent la partie spirituelle de l'être incarné se retirent prestement quand tout est consommé. Le libre choix est dévolu à chacun de nous : nous pouvons voir la lumière ou les ténèbres !

Pourquoi témoigner ?

Certains de mes amis me reprochent de vouloir trop en faire pour les autres. À l'inverse, il y a des gens ici et là qui, à la suite d'un échange, m'encouragent à continuer à livrer le message d'espérance et de foi qui me fait vivre. Je n'ai aucun mérite à le faire, puisque c'est le Christ lui-même qui agit en moi. De plus, je suis parfaitement à l'aise avec le fait de parler ainsi de l'amour qui me brûle, au point de vouloir le transmettre à tous les frères et sœurs qu'Il place au cœur de mes rencontres. Et j'invite ceux et celles qui sont animés d'un tel élan à témoigner de leur foi quand l'occasion se présente, dans le plus grand respect des autres, sans chercher à les amener dans leur giron, comme a si bien su faire Jésus par son enseignement.

Lorsqu'Il m'a donné (que j'ai acheté) la terre pour le projet de l'ermitage, il y avait déjà sur le terrain une petite solitude, un refuge qui servait d'abri à l'ancien propriétaire. Au printemps, je l'ai nettoyée, astiquée, peinturée et meublée pour accueillir les visiteurs qui viennent y séjourner le temps nécessaire pour se ressourcer tout en faisant le plein d'énergie dans un environnement plus divin que beau, où l'harmonie des lieux ne fait qu'accentuer cette prise de conscience et d'éveil. Toutes les personnes, et elles sont nombreuses, qui ont vécu cette expérience au cours de la saison en ont été transformées et de nombreux témoignages confirment le besoin d'une telle démarche, quel que soit le statut social de la personne concernée.

Nous sommes pétris du Divin qui nous habite, et il suffit de vouloir se remettre en question pour que la lumière brille à nouveau en soi. Mais pour cela on doit avoir nettoyé le filtre qui bloque l'accès à cette bienheureuse chaleur mue par l'amour, qui est le carburant de tout ce qui est notre vie. Rien ne peut se comparer à tout ce qu'Il peut apporter dans la vie des êtres que nous sommes.

Tout ce qui nous a paru impossible jadis peut s'avérer possible avec le concert de grâces et de bien-être que chacun a le loisir de goûter, à l'image de l'enfant qui sommeille en soi et qui se laisse porter amoureusement dans un univers de pureté, où la lumière fuse de toutes parts. Même la mort ne peut freiner cet élan qui demeure toujours en nous. Nous sommes Ses enfants, même si nous l'ignorons plus souvent qu'autrement. Même dans nos retranchements pervers ou peu édifiants, nous demeurons et sommes ce qu'Il Est, puisque Son amour déborde en chacun de nous même si on l'étouffe par nos attitudes mesquines et nos comportements égoïstes.

Tout cela, si nous pouvions en saisir un seul fragment, pourrait conduire à *un nouvel homme.* C'est là le fruit toujours incompris de la bonté, de la gratuité de Dieu. Nous préférons ignorer cette réalité et prendre un malin plaisir à le défigurer dans tout ce qu'IL représente, jusqu'à Le nier en toutes choses et à affirmer ne pas Le connaître.

Cette tendance, d'ailleurs, est de plus en plus courante dans certains milieux, certains centres de connaissance et de savoir de nombre de nos contemporains d'ici et d'ailleurs. L'amour inconditionnel et sans mesure de Dieu notre Père nous rend perplexes devant notre choix entre le bonheur et le malheur. Tout cela nous indispose et nous irrite parfois. Nous aurions voulu tout avoir instantanément, comme aux tout premiers jours, alors qu'Il faisait nos délices dans le merveilleux Jardin d'Éden, avant que les facultés mentales – le malin –, obnubilées par l'orgueil, s'emparent de ce que nous avons de plus précieux, notre cœur, et le fassent basculer dans l'irréversible péché d'orgueil. Il nous faut reconquérir, retrouver ce qui nous rendait semblables en tous points à l'image et à la ressemblance de ce qu'Il est depuis toujours.

Il y a le faire,
Sans le paraître,
Pas toujours valorisant
Pour le moi, l'ego.

Il serait tellement plus aisé de me cantonner dans les hautes terres que j'habite à l'abri de toutes les inégalités que je vois ou que j'entends, de vivre égoïstement de tout ce que j'ai sans affirmer que ce que je possède de plus précieux me vient de Dieu, de mon Père. Ma gratitude, ma reconnaissance envers Lui se trouvent depuis fort longtemps dans le flot d'amour que je Lui voue à chaque instant de mon quotidien.

La transformation d'hier, ma régénérescence de tous les jours se poursuit toujours. Même aussi loin de la ville, j'entends les clameurs d'un peuple qui cherche désespérément à y voir un peu plus clair dans ce fouillis qui se révèle de plus en plus complexe, avec son lot de lois, d'études, de commissions, de projets frappés d'interdictions, de défenses et de toutes ces barrières d'exclusion qu'on érige ici et là. On ne se rend pas compte de toute la frustration que vivent un bon nombre de gens en raison du manque flagrant de discernement de nos dirigeants. Ils disent et ne font pas, ou font des choses qu'ils ne disent pas. Tout ce cirque, cette mascarade se révèle tous les jours dans leurs actions et leurs dires. Il n'y a rien de nouveau sous le soleil et la fourberie se poursuit : luttes de pouvoir, de postes. Une preuve évidente que l'on n'apprend jamais de ses erreurs ! On use de cataplasmes sans pour autant régler les problèmes, si bien que les situations s'enveniment et polluent le climat social.

À quand un vrai discours où la raison se jumellerait avec le cœur et où l'on n'aurait pas besoin de mots pour dire ce que l'on ne ressent pas parce que l'empathie, la compassion, la compréhension de l'autre font défaut ?

Toutes les bêtises, les absurdités de plusieurs se répètent constamment et, souvent, on rend hommage à ces personnalités, à ces dignitaires en leur décernant des prix, en leur manifestant une reconnaissance injustifiée. Quel vernissage d'hypocrisie que de paraître un soir où tout est ténèbres, sous les lueurs de feux artificiels et des applaudissements nourris, puisqu'une personne s'est levée pour applaudir et que toute la meute l'a suivie pour faire comme tout le monde.

Fais-le donc, puisque c'est comme cela ! Il est aberrant de constater qu'on peut s'enrichir béatement. Et le lendemain, à la suite de ma performance, est-ce que le petit monde autour de moi sera plus heureux ou jubilera de me voir à la une des journaux ? Non, vraiment, il n'y a rien de nouveau sous le soleil mais continuons à nous encenser les uns les autres dans notre petit groupe de bien nantis où le pouvoir, l'argent et bien d'autres choses ont préséance sur le petit peuple qui manifeste à l'extérieur en raison du manque d'équité. Il ne nous dérange nullement puisque nous avons de bons gardes du corps et que toute une machine de sécurité, avec ses mastodontes casqués et armés, assure notre défense, tout cela grâce à notre autorité et à notre pouvoir de tout régenter.

L'humilité d'une personne ne se manifeste pas dans ces hauteurs, et il y a un monde entre l'être et le paraître. La couronne et les titres glorieux de ces ombres lumineuses qui œuvrent et agissent sont beaucoup plus flamboyants pour ceux qui sont auréolés de l'amour de Dieu.

Le Jardin Lumière, une aura qui ne se dément pas

Comme je l'ai déjà dit, le Jardin ne se visite pas, il se vit par l'atmosphère qu'il incarne pour tous ceux qui le foulent. Un je-ne- sais-quoi envahit le promeneur qui le parcourt dans ses méandres sertis de palettes de couleurs bigarrées, qui vous émerveillent au point que vous êtes soudain nourri de gratitude et ressentez une paix et une joie indicibles.

Si le visiteur lâche prise, s'il est dégagé, confiant et ne s'empêche pas d'être lui-même, et si son cœur participe à la fête, des effets bénéfiques toucheront son être. On en revient toujours au fait que, lorsque le corps spirituel se joint au corps physique, nous pouvons en retirer des bienfaits étonnants.

Soyons honnêtes, c'est parfois le travail de toute une vie de «labourer» tout notre intérieur pour enlever les pierres, les racines et débris de toutes sortes qui se sont accumulés au fil de notre existence. Ils font que l'on n'est pas toujours bien avec soi et engendrent bien des malaises et des maladies qui dans bien des cas donnent lieu, malheureusement, à des tourments déchirants. On ne compte plus le nombre de suicides rattachés au malaise de vivre que j'appelle depuis fort longtemps le cancer de l'âme. Il n'y a rien de plus souffrant que ce mal du XXIe siècle qui affecte bien des gens et contre lequel on ne peut pas faire grand-chose malgré tout l'amour qu'on a pour ces êtres chers.

Il appartient à chaque personne de se prendre en main. Et si elle est bien entourée et appuyée dans sa volonté de changer, alors tout devient possible. Dieu dans Sa mansuétude est toujours à l'écoute de Son enfant qui crie vers Lui, quel que soit le bourbier dans lequel il s'est engouffré. Il te prendra tel que tu es même si tu ne t'en sens pas digne. Tout cela doit te rassurer, et j'espère qu'Il se trouve déjà à tes côtés. J'en suis certain !

Nous sommes tous appelés à faire ce revirement à 180 degrés. Et pour cela, j'en reviens toujours à mon maître spirituel par excellence, Jésus le Nazaréen, qui aujourd'hui comme hier proclame toujours : «Convertissez-vous, le Royaume de Dieu est proche de vous» (Mt 4,17), et «Étroite est la porte et resserré le chemin qui mène à la Vie» (Mt 7,14).

Dessin au crayon réalisé par Diane Bondreau en 2003. Alliance de Dieu entre le père et son fils.

Tout cela est tellement vrai que je ne me lasse jamais d'en parler, car c'est vraiment cela qu'Il me permet de vivre tous les jours, alors que Son soleil se lève aussi bien sur les bons que sur les méchants. Et les méchants en question demeurent toujours Ses enfants, puisqu'ils en ont décidé ainsi. C'est cela qui est stimulant et réconfortant dans cette grande aventure de la vie. Tous ont la liberté, le loisir d'être sauvés.

Mais revenons-en au Jardin ! Si l'été 2003 avait connu un flot de visiteurs inhabituel et si ceux-ci se comptaient par milliers, voilà que le dernier été aura été bien différent par la façon dont les choses se sont déroulées. Le flux continu d'arrivées s'est fait de façon que j'étais toujours en mesure d'accueillir personnellement chaque visiteur, ce qui n'était pas le cas l'année précédente, puisqu'un trop grand nombre de gens arrivaient en même temps. Un autre phénomène que j'ai constaté, c'est que, pour plusieurs, la visite était un prétexte. La grande majorité des gens cherchaient à s'exprimer, à raconter ce qu'elles vivaient ou ce qui les faisait souffrir. Certaines personnes prenaient même rendez-vous pour le faire.

Par la force des choses, mon Père, Dieu, venait d'ajouter une corde à mon arc. On me soumettait des problèmes parfois complexes, et après avoir longuement écouté, à mon grand étonnement, la solution me venait facilement. Vous comprendrez toutefois que je n'y suis pour rien dans tous ces revirements dans les comportements humains.

C'est toute Sa puissance, Sa grandeur, Sa sagesse qui filtraient à travers moi. Je ne suis que le reflet de ce qu'Il me donne et je Lui en rends grâce constamment. La gratitude et la reconnaissance sont devenues mon pain quotidien, à travers ce qui me sustente dans *tout* ce qui me vient de Lui. Et il en est de même pour chacun de vous. Il n'y a rien de ce que vous avez, même si vous ne le reconnaissez pas, qui ne vous soit pas donné par Son amour. Je pourrais longuement disserter sur le thème de la gratuité! Le Jardin Lumière est unique par son approche méditative, contemplative, et ce sont les visiteurs qui lui ont donné cette aura mystique.

Des journées inhabituelles à partager

Depuis le printemps dernier, le travail que je fais, tant du côté Jardin qu'à l'ermitage, a pris une couleur qui me dépasse au plus haut point. Les journées se déroulent du petit jour à la barre du jour sans que je n'aie fait aucune planification dans l'ordre du travail. Tout ce que j'exécute s'avère d'une facilité et d'une rapidité déconcertantes sans pour autant augmenter ma cadence au travail. Je n'ai pourtant que des outils des plus rudimentaires : une pelle, un râteau, une bêche, un pic, une masse et une barre de fer ayant appartenu jadis à mon père, Arthur, et qui me sert de levier pour dessoucher des pierres énormes et, enfin, l'irremplaçable brouette qui fait office de VTT pour dé-placer, parfois, des charges encombrantes.

Cela illustre bien ce que peut représenter mon travail, avec sa simplicité – son ingénuité – volontaire. Même si je fais seul ces travaux, qui demandent parfois beaucoup d'efforts physiques, je dois avouer que je ne suis pas tout à fait seul puisque je suis toujours en compagnie de Celui qui est constamment à mes côtés. Et je lui parle de la même manière qu'à toute autre personne qui ferait un travail d'équipe. Mais ce que j'en retire le plus, c'est qu'Il est habile, de bon aloi et rempli d'idées qu'Il me fait partager à tout instant. Parfois, je suis stupéfait au point de Lui dire : « Si ça continue, il ne me restera plus rien à faire ! » Même qu'à la fin de mes dures journées de travail, je ne ressens aucune fatigue physique. Vous comprendrez que je n'ai pas besoin de vous parler de mon physique ! Aucun des maux courants engendrés par le désarroi de la société moderne et industrielle ne me touche, alors que les psy font des affaires d'or à traiter le stress, l'angoisse, l'anxiété, l'épuisement professionnel, et j'en passe.

Bien que mon Père m'ait gratifié d'une excellente santé, que je ne néglige pas, je demeure un humain comme vous tous. Les surhommes et les Spider Man, c'est au cinéma que ça se passe et je n'en connais pas d'autres. Je reconnais et reconnaîtrai toujours que c'est à mon Père que je dois cette vigueur ; il me nourrit de Ses biens et me rajeunit comme l'aigle (Ps 103,5).

Et mon âme suit le concert d'éloges en le bénissant et en n'oubliant aucune de ses largesses ! L'homme ! Ses jours sont comme l'herbe ; il fleurit comme la fleur des champs : Que le vent passe, elle n'est plus, et la place où elle était l'a oubliée, mais la fidélité du Seigneur, depuis toujours et pour toujours, est sur ceux qui le craignent (Ps 103, 2, 15-18).

Que je travaille debout, penché, courbé ou à genoux, ce qui est fréquent, je n'ai pas à me demander si ma position aura un impact sur ma santé. Ne croyez pas pour autant que je sois immunisé ou à l'abri d'un accident ou d'un événement malencontreux. Ma candeur et ma naïveté à son égard sont plus fortes que le moindre raisonnement élémentaire. Faire confiance à la vie, c'est lui faire doublement confiance. Cela non plus, ne vous évertuez pas à comprendre ! C'est peine perdue. Ce que j'écris là n'est pas un roman, un conte ou une histoire, c'est mon vécu quotidien, qui comprend depuis le printemps dernier des événements et des faits irrationnels qui me laissent ébloui, agréablement surpris, puisqu'ils sortent de l'ordinaire.

Voici comment les choses se sont déroulées. Un mois avant que la nature se déchaîne, le samedi 31 juillet, et qu'il y ait une crue des eaux diluvienne, j'avais étendu un peu plus de 22 tonnes de pierres concassées, toujours à l'aide de mes outils de fortune, soit la pelle, le râteau et la brouette. Arrive cette pluie abondante d'une rare intensité, accompagnée de vents d'une extrême violence. Je sens que les choses peuvent mal tourner à cet instant même et une fois de plus, je m'adresse à Celui qui peut tout pour moi et je Lui confesse : « Écoute, cela m'est égal, indifférent que Tu prennes le Jardin, disposé en cascade, et que Tu le fasses glisser ou descendre selon Ta volonté jusqu'au bas de la rivière Etchemin, à une distance de deux kilomètres. Après cette saute d'humeur, les visiteurs viendront et ne verront plus rien de ce majestueux Jardin qui n'est pas le mien et que Tu m'as aidé à réaliser. Et ça, tu le sais ! C'est Ton jardin et, s'il te plaît, arrange cela comme Tu jugeras bon de le faire. »

Ne vous étonnez pas de la forme de dialogue que j'ai avec Lui ! C'est toujours comme cela que je procède. Il faut croire que cette manière est satisfaisante, puisque les résultats obtenus sont probants. À vous de laisser parler votre cœur d'enfant lorsque l'occasion se présente. Un enfant qui parle à son père ne se casse pas la tête pour exprimer ce qu'il désire.

Eh bien, croyez moi, la fureur du vent s'est calmée et la pluie s'est poursuivie, mais pas une seule fleur ne s'est cassée. De l'autre côté du Jardin, où se trouvent les terrains de l'ermitage, pas une seule pierre du concassé n'a dévalé dans le chemin. Je suis à flanc de montagne et toute cette pierre fraîchement étendue ainsi que l'aménagement paysager déjà fait mais pas encore stabilisé ont très bien tenu le coup.

Dites-moi ce que vous voulez, il n'en demeure pas moins que tout ce qui est arrivé ce samedi de juillet demeure inexplicable et je qualifierais cela de miraculeux, de divin. Moins de trois cents mètres plus bas, en aval, un cratère s'est formé, causant une difficulté de passage, et en amont et à plusieurs autres endroits dans les rangs et le village de Saint-Léon-de-Standon, plusieurs ont subi d'énormes dégâts. Je vous relate ce qui me paraît exceptionnel, bien que tout ce qui m'arrive soit d'ordre prodigieux et divin.

Un peu plus tard, le vendredi 27 août, la matinée s'annonce nuageuse et humide. Il bruine quelque peu et je commence à tondre la pelouse. En principe, ce ne sont pas des conditions idéales pour ce genre de travail. Auparavant, je vérifie l'essence dans le réservoir et il en reste à peine la moitié. La bruine fait suite à la pluie et je continue donc. Je suis étonné de constater que l'herbe qui s'est accumulée sous la tondeuse ne fait pas caler son moteur. La pluie qui tombe de plus en plus drue prend des allures de gros clous sans pour autant refroidir mes ardeurs, et je pousse la machine dans tous les sens. Je pense soudain au peu d'essence qui se trouvait dans le réservoir au départ. En principe, je devrais refaire le plein. La première partie du terrain de la pelouse est terminée et je m'attaque à l'autre versant du terrain, que je faisais en deux étapes l'année précédente. La tondeuse fonctionne toujours, le moteur ne cale pas et je ne me suis pas encore arrêté une seule fois pour enlever la pelouse, mouillée en plus, qui en temps normal devrait obstruer le goulot de sortie. Je ne me plains pas de cette performance de haute voltige, mais je me rends bien compte qu'il se passe une fois de plus quelque chose d'exceptionnel. Et toujours cette grosse pluie qui tombe! Tout se passe dans un temps relativement court. C'est à n'y rien comprendre et j'ai peine à croire ce qui m'arrive. Je complète toute l'étendue du terrain du Jardin, qui est tout de même assez grand, et quand j'arrête l'engin je regarde le réservoir pour constater qu'il reste encore de l'essence alors que j'aurais dû faire le plein à plusieurs reprises! Encore là, je sais que ça peut paraître insensé, ce que je vous dis là, mais cela s'est passé ainsi en ce vendredi pluvieux du 27 août dernier. Et je ne suis pas seul à pouvoir parler de ce phénomène. Une femme qui habitait l'ermitage ce jour-là en a elle-même été témoin et l'a noté dans ses écrits. Et je ne vous raconte pas l'histoire prodigieuse des pommes et d'autres faits qui sont tout autant d'ordre divin!

Ce n'est pas la quantité des faits qui les rend crédibles. Il y a quelque chose de plus profond derrière tout cela! Pour ma part, cela me suffit et je rends grâce à Dieu de me faire vivre des choses plus merveilleuses les unes que les autres, sans parler du bien-être que je ressens quotidiennement depuis le tout début de ma transformation, de tous ces moments d'une vie de plénitude perpétuelle! Oui, cet état de grâce que je vis est vraiment indescriptible, et c'est la raison pour laquelle, en tant que disciple, je veux vous le faire connaître. Je reste vrai malgré ce qui me dépasse et mon âme s'attriste à la pensée qu'on voudrait trouver une réponse à tout phénomène dépassant le rationnel. Par ailleurs, je sais pertinemment qu'il y aura toujours quelqu'un dans l'auditoire pour réfuter mes dires. Le problème, je vous le laisse tout entier et je demeure libre en toutes choses puisque la Vérité fait œuvre dans ce que je vis.

Gloire, honneur et puissance
À ce Dieu, Père de nous tous!

Quelques pensées à méditer

Ta solitude te comblera de joie,
Car Dieu se fera complice de ton silence.

Quoi que tu regardes,
Le visage de Dieu se révélera toujours.

Si tu cherches Dieu,
Fais-le avec ton cœur d'enfant.

De tous les masques que tu te plais à porter,
Laisse tomber ceux de l'orgueil et, dans ta petitesse,
Dieu se fera grand pour toi.

Pour toutes tes merveilles et tes bontés, Seigneur,
Laisse mon cœur te crier mon amour.
Honneur et gloire à Toi, maintenant et toujours!

Dans ta détresse la plus grande,
Dieu se souviendra de toi.

Seigneur, comment ai-je pu vivre toutes ces journées
Avant de réaliser Ta présence dans ma vie?

Dans le labyrinthe de ta vie quotidienne,
Ne laisse l'orgueil s'enraciner,
Car il te détruirait au fil du temps.

Lorsque mes yeux
Contemplent les plaines célestes,
Comme sont grands l'émerveillement et la joie
Qui inondent mon cœur, Seigneur Dieu.

Seigneur, dans la pénombre
De ce jour qui se fait timide,
Laisse mon cœur te dire
Simplement bonjour mon amour.

Si je me sens seul,
C'est que Dieu n'est pas là.

Dieu a laissé Ses empreintes partout,
L'avez-vous vérifié dernièrement?

La foi, c'est laisser agir Dieu
Sans chercher à comprendre.

La vérité est la lumière
Qui fait échec aux ténèbres.

Si l'homme investissait autant d'énergie
En Dieu qu'il en met dans le mal,
Toute la maladie et la souffrance
Ne seraient qu'un mauvais cauchemar.

En vrac...
Le dimanche

La chose la plus désolante que j'ai pu constater au cours de ces dernières années est le peu de respect que l'on porte au dimanche. Une journée bénie, de repos, où l'homme devrait remercier Son Créateur pour tous les bienfaits reçus, dont celui de la vie.

Anciennement, si le bœuf tombait dans le puits, on pouvait toujours le sortir et tout était bien ainsi, malgré la protestation de certains. Aujourd'hui, tous les prétextes sont bons pour faire n'importe quoi. Tout est permis! Il suffit de passer devant les centres commerciaux et de voir les terrains de stationnement remplis... Pourtant, donnez-moi *une seule bonne raison* à cela! Il y aurait une huitième journée à la semaine qu'on trouverait encore l'occasion de se livrer à cette pratique de consommer toujours plus. Dans ma belle campagne adoptive, la douce musique des scies mécaniques vient troubler ma quiétude. Elle est souvent plus soutenue que certains jours de la semaine, où tout est calme. J'ai même vu des sous-traitants de chantier de construction travailler. Incroyable!

Tout ce désordre me donne envie de vomir. Naturellement, il y a tous ces services essentiels, indispensables qui sont exclus. On s'entend là-dessus!

On s'étonne, par la suite, d'entendre que la famille est morcelée, divisée, désunie. On fait tout pour parvenir à cela au nom de la sainte piastre. Le résultat est le nombre croissant de suicides chez les jeunes. L'enfant a besoin de l'amour et de la présence des siens pour s'épanouir. Mais certains parents n'ont pas le choix et doivent travailler pour satisfaire l'appétit vorace de ces consommateurs en manque.

Est-ce du folklore ou de l'utopie de croire qu'on pourrait redonner au dimanche toute sa signification originale, soit d'être à la fois le jour du Seigneur et le jour du repos?

La gratitude

La gratitude, la reconnaissance, les remerciements font-ils partie de votre menu quotidien? On obtient une mesure bien tassée, débordante. La main toujours grande ouverte pour recevoir et, quand se présente l'occasion de donner, on referme vite la main. Une petite part semble vous échapper… Pourquoi penser qu'elle est indispensable à votre bonheur? Si vous êtes incapable d'apprécier le peu que vous avez, comment pourriez-vous apprécier l'abondance?

Les choses les plus simples sont d'une richesse étonnante lorsque tout baigne dans l'harmonie et le don de soi. Un sourire, une poignée de main, une parole réconfortante… L'important, c'est ce que je suis et non ce que je possède! Les personnes remplies de reconnaissance sont de commerce agréable avec celles qui les côtoient. Elles sont toujours prêtes à rendre service et la vie leur court après. Elles n'attribueront pas le lot de leur réussite qu'à leur seule force de caractère et à leur détermination. Elles reconnaissent leur dépendance d'un Tout Autre et c'est avec gratitude qu'elles y consentent. Vous n'avez pas à vous soucier de leur équilibre psychique, puisque la gratitude est leur antidote. Nos journées sont remplies d'occasions de célébrer et de remercier les gens qui se dévouent pour nous, pour assurer notre bien-être.

L'attitude contraire consiste à valoriser notre arrogance, notre mépris et à rabaisser les autres pour mieux les manipuler. C'est le jeu de l'orgueilleux qui se fait croire que toute sa valeur dépend de ce qu'il peut accomplir et qui rejette toute dépendance autre que la sienne. Ces beaux parleurs, on les trouve partout sur la place publique. Les projecteurs à peine éteints, ils renient leur engagement pour surseoir à quelque chose de plus lucratif. Méfiez-vous de ces brebis déguisées en loups! La personne remplie de gratitude est sujette à l'humilité, tandis que l'orgueilleux est rempli d'ingratitude.

Gratitude et orgueil ne prennent pas place sur le même terrain.

Le pardon

Ne commencez pas la nuit avec du ressentiment au fond de votre cœur. Vous ne trouverez pas le sommeil, et encore moins le repos. L'angoisse, l'anxiété, les remords vont s'emparer de votre esprit et tout va se mettre à galoper, à tourbillonner en dedans. Les nuages vont s'amonceler et la tristesse aura déjà pris possession de votre logis. Le doute s'installe, et cette forme d'agression de l'esprit est pire que la peur.

La tension monte à un degré où la marmite est sur le point de sauter. Tous les mouvements possibles, de gauche à droite et de droite à gauche, n'y changent rien : toujours pas d'apaisement. En vous levant, ne cherchez pas à régler les problèmes en leur substituant des pilules ou des calmants... Une très mauvaise idée ! Peut-être qu'à l'occasion, la situation se résorbera d'elle-même, mais soyez assuré que cela recommencera tant que l'abcès ne sera pas crevé.

Que faire dans de telles circonstances si la personne n'est pas disposée à vous pardonner ? C'est simple, c'est à vous de prendre l'initiative et, du fond de votre cœur, de lui pardonner. Répétez, mentalement ou à voix haute, la prière de Jésus : « Seigneur Jésus-Christ, Fils de Dieu, aie pitié de moi, pécheur. » Trop dur pour être vrai, me direz-vous ! C'est pourtant la seule manière de retrouver la paix intérieure. Les résultats sont pro-digieux. Faites-le en sachant que Dieu Notre Père est toujours avec nous.

La franchise

Une façon très efficace de confronter une personne qui vous veut du mal est de la regarder droit dans les yeux quand vous la rencontrerez. Pourquoi faire autrement si vous êtes transparent, puisque les yeux sont le reflet de l'âme ? Ne lui répondez surtout pas par des injures en lui retournant la monnaie de sa pièce. C'est beaucoup trop facile et inefficace. Faites preuve d'une ouverture d'esprit qui la déconcertera. Devant votre flegme et votre assurance, elle ne pourra plus supporter l'amour qui se dégagera de votre regard. Imitez l'attitude de Jésus devant Pilate, qui fut forcé de se laver les mains devant tous alors que Jésus n'avait pas répondu à ses questions. L'amour devient plus fort que le pouvoir.

Avant d'utiliser cette stratégie, assurez-vous de votre franchise et de votre intégrité. Puis calmement, amenez votre vis-à-vis à débattre du problème. Parlez-en avant qu'il vous traîne devant les tribunaux. Réglez votre différend dans le respect de vos différences. Il n'y a que les gens de mauvaise foi qui ne peuvent s'entendre. Une fois que vous avez entamé le processus du dialogue, tout est possible. Bonne chance !

Le discernement

On se donne parfois un mal fou pour compliquer son existence de tous les jours. On crée alors ses propres problèmes. Évitez-moi de vous en énumérer la liste. Tout ce qu'on devrait faire, on ne le fait pas et tout ce qu'on ne devrait pas faire, on le fait, tout naturellement et stupidement! Pourtant, tout est question de bon sens et de jugement. Mais non, on va toujours dans le sens contraire pour faire comme le troupeau. C'est tellement *cool* et tout le monde le fait.

Pourquoi vous laissez-vous dicter votre manière de vivre par des spécialistes de toutes sortes, dont le seul intérêt est leur portefeuille? Ils se foutent de votre personnalité et de vos valeurs. Et c'est beaucoup plus facile de niveler par la base. Tous dans le même collimateur, et le marginal devient suspect et à surveiller. Personne n'est dépourvu de discernement au point qu'il se retrouvera toujours dans la cour d'un profiteur ou d'un charlatan. Vous êtes le meilleur juge de ce qui vous convient. Vous connaissez vos points forts tout aussi bien que vos plus faibles. Demandez l'avis d'une autre personne à l'occasion, mais ne vous soumettez pas au bon vouloir des autres et à leur jugement à l'heure de prendre la décision finale. Ces penseurs, ces conseillers, ces analystes grassement payés doivent mourir de rire par les temps qui courent! Ils se contredisent tellement, ce n'est pas possible! Plusieurs, sans le savoir, souffrent du principe de Peter. Ils font état de savantes analyses, mais si un petit grain de sable qu'ils n'avaient pas prévu vient contredire leur plan, c'est la catastrophe!

Il y a tant d'exemples qui me traversent l'esprit que j'aurais le goût de monter aux barricades! Et si des ingrédients vous font défaut, pourquoi ne pas les demander? Ces dons, vous pouvez les recevoir, comme toutes les autres choses qu'Il vous donne. Demandez et vous recevrez! N'oubliez surtout pas l'être divin que vous êtes.

Le corps

Il semblait animal, bestial, dégradant que le peuple élu ait créé, élevé et adoré, il y a des milliers d'années, le veau d'or. Or, voilà que l'homme contemporain fait le même parcours en offrant son propre « corps d'or » sur l'autel de l'idolâtrie.

Le culte de la personne et du corps qui s'est développé au cours de la dernière décennie a pris des proportions renversantes. Toute une industrie florissante est née à partir de ce concept, et le Québec n'y échappe pas. Des chiffres d'affaires s'élevant à des milliards de dollars, avec l'assentiment de consommateurs bien au fait de la situation. Hommes, femmes, enfants, jeunes ou vieux, sont conviés à prendre place dans cette parade de corps sous les yeux de badauds moins bien pourvus sur le plan physique. Avant que l'on dépérisse, la publicité se chargera d'exploiter ce filon à son profit pour nous faire consommer le corps, comme tout autre bien, en nous rappelant toutefois qu'il serait sage et prudent de le rejeter après usage, quand le passage du temps aura fait son œuvre. Entre-temps, on doit le vénérer, le bichonner pour mieux le goûter et le partager.

D'une certaine façon, l'œuvre de l'artiste est plus appréciée, car on a pour elle de la considération, du respect. On la protège même contre toute agression et violation, car elle porte la signature d'un grand maître et qu'elle est hors de prix. C'est très sérieux !

À l'inverse, l'homme des cavernes, malgré son allure rustre, était plus authentique et plus beau. Mais de vrai qu'il était, le corps a été réduit à l'image d'une coquille vide. Le culte du corps a relevé à merveille le défi de le changer. On l'habille de vêtements griffés. On le nettoie et on le plonge dans tous les bains de Jouvence inimaginables faits d'algues, de boue, de chocolat, etc. On l'enduit de crèmes tout aussi «miraculeuses» les unes que les autres. On lui bourre le crâne de savoir, sans que ce savoir passe par le cœur. On parle plus souvent de bien-être physique que spirituel. Ce n'est pas très payant ce domaine-là, et on considère que le «troupeau» n'a pas à perdre son temps avec des bondieuseries de vieilles bonnes femmes.

Alors qu'on pense que tout est fini et que la mort a fait son œuvre, malgré toutes les promesses fournies qu'on nous a vendues, voilà que les derniers vautours à entrer dans le décor de la fiesta sont les récupérateurs des «corps d'or», qui vont en disposer pour des sommes faramineuses. Oui, j'aimerais qu'on m'explique, et ça presse ! Qu'on m'explique pourquoi je ne veux pas adhérer à ce système qui semble être universel. Jésus n'avait-Il pas raison d'affirmer «Laissez les morts enterrer leurs morts»? Ça, ça me convient et j'y adhère.

S'émerveiller pour comprendre la face cachée des choses

En terminant, j'aimerais vous amener à réfléchir à une pensée que j'avais inscrite dans le Jardin cet été et qui se lisait comme suit : «Observe les choses qui sont devant toi et tu comprendras. »

Mon souhait est de vous faire pénétrer dans le monde fascinant de l'émerveillement. Un état privilégié survient lorsqu'on y entre. Les miracles quotidiens sont si nombreux! Le divin nous suit et s'ingénie, à chacune de nos découvertes, de nous dévoiler toute sa beauté et tous ses mystères.

Les exemples sont multiples, mais celui qui me vient à l'esprit est d'autant plus impressionnant, grandiose qu'il crée la vie, sous nos yeux, dans l'infiniment petit. Alors qu'à l'extérieur, au début de janvier, tout nous semble figé, gelé, mort, voilà que la vie s'apprête à surgir à nouveau. Depuis quelques années, j'ai développé la passion de faire des semis de bégonias et c'est tout un défi! La semence de cette fleur est si fine qu'elle est en elle-même un acte de foi devant cette vie cachée qu'elle renferme. Imaginez, vous êtes au début de janvier, il fait −30° C à l'extérieur et vous déposez cette vie sur le terreau, une poudre si fine, à peine visible à l'œil. Un acte de foi, oui! Regardez, observez, il y a tout dans cette semence : un rien, une plantule, un semblant de tige, un support, une tige, des feuilles, un bouton et enfin la fleur avec toutes ses composantes, sans oublier des couleurs dans les nuances les plus vives. Toute la nature est remplie de ces miracles quotidiens mirifiques, étonnants, prodigieux, merveilleux.

Il m'arrive qu'on m'interpelle et qu'on me dise: «Où est ton Dieu?» Eh bien, j'ai envie de répondre: «Il est toi, devant moi, qui refuses de s'ouvrir à Son amour et qui te rends aveugle par la dureté de ton cœur.»

S'émerveiller, voilà un cadeau d'un prix inestimable, qui s'ajoute à la longue liste de tout ce qu'Il m'a donné. À demander, ça aussi!

États d'âme

J'aimerais vous faire part de ce que j'ai reçu lorsque je suis entré en état de contemplation à mon réveil, ce matin.

Le soir, quand je suis allongé dans mon lit, juste avant que le sommeil me dépose ailleurs, demeure un moment privilégié pour faire un survol de ma journée. Ma première pensée est toujours de remercier mon Père pour tout ce qui m'est arrivé d'agréable. Il m'arrive, dans ces instants de gratitude et d'adoration, de fondre d'amour en écoutant le murmure de Sa voix. Et soudain, Il éteint à la fois la lumière de mon esprit et celle de mon corps et, en deux temps trois mouvements, je m'assoupis dans les bras de Morphée.

Au matin, éveillé mais toujours dans mon lit, l'offrande de tout mon être, tout naturellement, s'empare de moi pour Lui dire merci. Ces moments de début et de fin de mes journées sont comme des filtres dans mon esprit pour en vérifier l'efficacité. En les retirant, je peux voir tout ce qu'ils ont retenu de saletés, d'impuretés. Nettoyés sous le jet de Son amour, de Son pardon, de Sa miséricorde, ces éléments filtrants redonnent à mes pensées toute la pureté qui me lie à mon Créateur. Maintenant que tout est tourné, orienté, centré sur la Source qui me fait vivre, il devient beaucoup plus facile de surmonter les difficultés qui pourront surgir avec le jour qui se lève. Vraiment, je ne pourrais faire autrement.

Ce matin, mon état contemplatif était de forte intensité. L'expression «état d'âme» prenait toute la place. Ce sentiment d'élévation décuple en moi des ondes de bien-être tout à fait indescriptibles. Malheureusement, on l'emploie à propos de tout et de rien, un peu comme «être bien dans sa peau», qui ne signifie pas toujours grand-chose. Un état, ce n'est pas un parfum ou une lotion à appliquer sur le corps. La publicité est en voie de mettre la main dessus pour faire miroiter l'éclat magique de ses propriétés à un consommateur désabusé, qui achètera le contenu plutôt que le contenant.

L'état d'âme dépasse les moments d'extase, à mon point de vue. L'expérience que j'en ai, c'est qu'il se vit dans un état d'éveil très conscient. On est en présence de cet instant présent où tout semble se figer, s'arrêter, mais que l'on peut voir, sentir. Notre esprit est dégagé de pensées et aucun nuage ne vient troubler notre vision. Tout est limpide, uni, lié au Bien-Aimé. L'état d'âme est un écrin, un petit sanctuaire à l'intérieur du tabernacle de notre cœur, où tout est baigné de lumière. Une lumière blanche, brillante, forte mais qui n'affecte pas la vue. Elle irradie.

À partir de Son centre, je n'ai qu'à recevoir; je n'ai pas à prendre, puisque tout m'est donné et toujours dans un état de conscience éveillé.

Ce matin, à mon réveil, j'étais dans cette disposition, les yeux bien ouverts. Tout cela m'a été donné par le son sublime, céleste, divin du tintement des cloches à vent accrochées sous la pergola, complétant ainsi dans mon désert intérieur, dans mon intimité avec Lui, ce mélange de bien-être, cet état de contemplation qui était le mien.

L'état d'âme dans la contemplation est un joyau à découvrir dans son écrin, qu'il faut laisser sur place. Parlez-en à ceux capables de saisir toute la richesse de cette élévation! En effet, plusieurs d'entre nous ont trouvé l'accès qui y conduit.

L'été dernier, au Jardin, plusieurs personnes ayant découvert cet état de conscience ont laissé dans leurs écrits de très beaux témoignages portant, précisément, sur cet instant même où la grâce passe et se donne.

Merci pour tous ces écrits donnés en partage à ceux qui ont faim et soif de beauté et de vérité.

Du haut de la *poustinia* de ma chambre, je suis heureux de vous avoir fait vivre mon état d'âme en ce dimanche 4 janvier 2004.

Si je me mets ainsi à nu devant vous, ce n'est pas pour m'en glorifier. Au contraire, aujourd'hui, témoigner de Jésus-Christ sur la place publique demande une folie, une force, un courage, une foi bien solide. On n'ose même plus prononcer Son nom de crainte de paraître ridicule. Mais je continuerai de parler de ce que je vis même si cela dérange quelques personnes.

Je veux surtout, si c'est Sa volonté, me faire le berger qui ramènera la brebis égarée dans Sa bergerie.

Fin de partition

Il ne s'agit pas de vouloir changer le monde, loin de moi cette pensée. Voyez, nos gouvernants n'y parviennent même pas! Ce que j'ai remarqué après toutes ces années, c'est qu'aucune transformation ne peut se faire à partir de règlements, d'interdictions ou de lois. La société est gravement malade sur tous les plans. Il y a tant de contradictions dans la façon d'agir de nos gouvernants que c'en est devenu risible, ridicule et complètement stupide. Tout se fait à partir de sondages favorables ou défavorables. On change d'idée comme on change de parti, et il n'y a jamais eu autant de manipulateurs, de beaux parleurs, de fraudeurs dans tout ce beau monde. Je n'invente rien, cela saute aux yeux et il n'y a que les aveugles qui voient ces temps-ci. On m'avait toujours dit que gouverner était l'art de prévoir. Comme c'est malheureux tout ce qui nous arrive!

Pourquoi n'y aurait-il pas dans l'année une journée de la réflexion où chacun s'arrêterait et prendrait le temps de prendre conscience qu'on ne peut plus continuer à vivre ainsi dans un tel désordre où chacun se tire dessus?

Vous connaissez sans doute le proverbe «Quand chacun balaie le devant de sa maison, toute la rue s'en trouve embellie». Imaginez maintenant les résultats si chacun se mettait à la tâche de faire le ménage de son jardin pour y enlever tous ces maux accumulés au fil des ans! Ces maux troublent l'homme au point que son cœur insensé est devenu la proie des ténèbres. N'étant pas conduit par l'Esprit mais se prétendant sage, il est devenu fou et se complaît dans le libertinage, l'idolâtrie, la haine, l'hypocrisie, l'indifférence, la fraude, le vol et des dépendances de toutes sortes.

Ces maux chargés d'ombre et de ténèbres sont d'une telle lourdeur qu'ils viennent empiéter sur notre vie de tous les jours et nous amènent à faire des gestes irresponsables, destructeurs parfois, sans que nous nous sentions coupables des torts faits à notre prochain. Tout est basé sur l'argent et le pouvoir, et ce maudit argent est encore aujourd'hui la source de tous nos malheurs, qui se poursuivront si rien n'est fait.

Le cœur de l'homme conduit par l'Esprit vit dans l'amour, la joie, la paix, la bonté, la gratitude, la reconnaissance, le remerciement. Animé de tels sentiments, l'homme n'a pas à se soumettre à la loi pour agir, puisque son cœur le porte à faire le bien et à aider son semblable.

Force est d'admettre que tout commence là. Le cœur appelle à la conversion, à la transformation, mais qui le fera renaître à nouveau? Tant que cela ne se fera pas, il aura toujours besoin de ces lois, de défenses, d'interdictions pour fonctionner. Je reconnais que c'est tout un contrat!

Je vois déjà mes pourfendeurs prêts à me tirer dessus pour avoir affirmé de telles choses, me traitant d'utopiste et de fou. Est-ce que ma folie m'a vraiment rendu fou? Il s'agit en l'occurrence d'une folie remplie de sagesse, d'équilibre, de bien-être, de joie de vivre et de plénitude. Il n'est pas certain qu'il n'y a pas quelques personnes qui voudraient bien imiter cette folie dans le futur. Je la préfère à celle du troupeau et de tous ceux qui se croient sages. Mon choix est irrévocable et définitif.

J'unis mes pensées et mes prières à celles de la personne qui aura pris le temps de me lire, et lui offre en partage les nombreuses grâces que Dieu Mon Père me prodigue jour après jour.

Écrit et terminé dans le haut de mon ermitage en ce début de janvier 2004.

Antoine Carrier

Si vous avez des commentaires, vous pouvez me les faire parvenir à l'adresse suivante :

Ermitage Jardin Lumière
104, rang Sainte-Marie
Saint-Léon-de-Standon (Québec)
G0R 4L0

Vous pouvez aussi visiter le site http://www.stci.qc.ca/ jardinlumiere/

Épilogue

Un dénouement rempli d'allégresse!

La nouvelle que j'espérais tant ne me sera pas parvenue par la poste... Un jour, le vendredi 21 janvier 2005, où rien ne laissait présager qu'une surprise m'attendait, l'après-midi s'achevait lorsque le téléphone sonna. C'était la mairesse de la municipalité qui m'annonça que le jugement du Tribunal administratif du Québec venait de lui être communiqué par le procureur: le projet de l'Ermitage pouvait se concrétiser.

J'étais là, au bout du fil, à l'écouter, et j'étais si ému! La joie que je ressentais se mêla de gratitude, de remerciements et de louanges à mon Seigneur et mon Dieu. Enfin, dans mon for intérieur, les alléluias me faisaient vibrer de toutes parts.

Depuis ce jour du 7 juin 2003, lorsque Dieu mon Père m'assigna cette mission de construire l'Ermitage, les événements n'ont pas toujours été de tout repos. Que d'obstacles, que d'épreuves! Mais, grâce à Sa volonté et à Sa présence à mes côtés, les occasions de tout laisser tomber ont plutôt été pour moi une source de motivation et elles m'ont purifié davantage.

Jamais le doute ne s'est installé dans mon cœur ni mon esprit, et c'est peut-être la raison pour laquelle ma joie est si grande.

Tout est à faire *individuellement* et vous ne pouvez atteindre votre épanouissement que si vous le désirez vraiment, sous la houlette d'un Berger qui vous conduira à l'écart, là où la Vérité vous rendra libre. Et c'est le Christ lui-même qui, cette fois, sera votre guide.

Ce que je fais, je le réalise pour Sa plus grande gloire afin que Son règne advienne pour tous. Il s'agit ainsi de poursuivre l'évangélisation et de Le faire connaître comme Il doit être connu.

Là où se trouvera votre cœur se greffera votre trésor, bon ou mauvais !

La Parole se donne, se reçoit, se vit.